MLB《メジャー》でホームラン王になるための打撃論

日本人初の3A野手

根鈴雄次［著］

竹書房

はじめに

日本人が、メジャーリーグで本塁打王を獲得する——。

こう聞いたら、どのぐらいの人が「そんなの無理、夢物語だよ」と鼻で笑うだろうか。「いやいや、日本人でも勝負できるよ」と本気で思うだろうか。

私は後者の人間だ。可能性は十分にある。

「ピッチャーは通用しているが、バッターは通用しない」と見る向きが大半だが、私の見方は少し違う。日本人もポテンシャルを持っているのに、多くの選手が日本式の打ち方から抜け切れず、メジャーリーグのピッチャーに対応できないでいる。

アメリカやドミニカの選手のような技術を身につけることができれば、十分に戦うことはできるはずだ。「そもそものフィジカルが違うのでは?」という意見もあるだろうが、身長を伸ばすことに限界はあっても、筋力を高めて出力を上げていくことは、己の努力次第で何とかなるものだ。

少々、強めの入りになってしまったが、私の名は根鈴雄次《ねれいゆうじ》。1973年生まれのイチロー世代になる。熱烈な野球ファンの方であれば、「根鈴？　どっかで聞いたことのある名前だな」と少し思い出してくれるかもしれない。

もう20年以上前になるが、法政大学を卒業したあと、メジャーリーグでの活躍を夢見て、アメリカでトライアウトを受け、ルーキーリーグから3Aまでプレーした経験を持つ。3Aでプレーした最初の日本人野手が、私だった。イチロー選手がシアトル・マリナーズに入団する前年のことで、もしあそこでメジャーリーグに上がることができていれば、野手では日本人初のメジャーリーガーになっていたのだが、実力が足りなかった。

その後、アメリカ、メキシコ、カナダ、オランダ、日本の独立リーグでプレー。2012年に現役を引退し、2013年に徳島インディゴソックスのアシスタントコーチを務めたのち、2014年から野球塾で若手の指導にあたった。自分のことを語るだけで30ページぐらいになりそうなので、もし興味のある方がいれば『不登

校からメジャーへ　イチローを超えかけた男』（光文社新書／喜瀬雅則著）を読んでいただきたい。日大藤沢高校の野球部を1年春で辞めたこと、都立新宿山吹高校を経て、23歳のときに法政大学に入学したことなど、紆余曲折、波乱万丈の野球人生が詳細に書かれている。

現在は、２０１７年に開設した「根鈴道場」（横浜市都筑区）で、ホームランバッターを目指す若者に、パーソナルでバッティング技術を伝えている。コンセプトは、「メジャーリーグで本塁打王を獲る」。そのために今、何をするべきなのか。教え子の中には、高校卒業後すぐに渡米してアメリカの大学野球に進んだ者や、日本の高校には行かずに、アメリカで開かれたショーケースで高評価を得たスラッガーもいる。お忍びではあるが、現役のプロ野球選手も通っている。

本書は、メジャーリーグでホームランを打つためのバッティングバイブルとなる。日頃から、ホームランを打つための練習をしているだろうか？　「ゴロを打てば何かが起きる」「三振したくないからバットに何とか当てたい」なんてことを思っていたら、ホームランなど打てるわけがないのは明らかなこと。守備のレベルが高くなれば、ゴロを打ったところで何も起きないだろう。

今、道場で伝えているバッティング理論は、私が現役時代に実践していた動きと同じものもあれば違うものもある。現役中に感じたこと、そして辞めてから学んだことなどを融合させながら、自分なりの理論を確立した。

日本を含めて5カ国でプレーをさせてもらう中で、さまざまな国の選手、指導者と出会ったが、間違いなく言えるのは、「日本の打ち方だけが特殊」ということだ。日本人からすると、「メジャーリーガーは独特の打ち方をするな」と思うかもしれないが、プレミア12に出場するようなトップランクの国と比べると、日本だけが独自路線を進んでいる現実がある。日本国内での活躍を目指すのであればいいが、世界に目を向けたときに「このままでいいのだろうか?」と感じてしまう。

おそらく、私の道場に通う若者たちも、同じ想いを持っているのだろう。「ゴロを打て」という監督の教えに疑問を抱き、「打球に角度をつけたい。ホームランを打ちたいんです」とやってくる選手が多い。

では、なぜ、ホームランを求めていくのか。そこには、「偶然に左右されないヒットはホームランしかない」という野球の特性がある。小学生や中学生にこの話をすると、キョトンとした顔をするのだが、意味がわかるだろうか？

フィールド内に飛んだ打球はフライであれ、ゴロであれ、どんなに痛烈な当たりであっても、そこに野手が守っていれば捕られてしまうのだ。ここ数年、メジャーリーグでは極端なシフトを敷く球団が増えた。たとえば、左のプルヒッターに対しては、一、二塁間に3人の内野手が守り、ゴロヒットを防ぐ。セカンドがまるで外野手のように深い位置に守ることもあり、こうなるとなかなか一、二塁間を抜けていかない。

でもホームランになれば、野手がどこに守っていようとも関係ない。野球において唯一、守備側が防ぎようのない打球であり、外野のフェンスを超えれば得点が入る。だから、バッターが目指すべきゴールはホームラン。これが一番シンプルな考えであるはずだ。決して、ゴロを打つことがゴールではない。

しかし、常にホームランを打てるわけではないのもまた事実。私がアメリカでプレーを始めた頃、マイナーリーグのコーチにこんな質問を投げかけられた。

「もし、野球がバットでボールを打つのではなく、バッターボックスからボールを投げる競技であれば、どこに投げる？　どこに、どんなボールを投げれば確実にヒットになる？」

当時の私は遠投110メートルの肩を持っていたので、すかさず、「外野の奥まで投げる」と答えた。すると、コーチは「逆風のときもあるだろう。それに、遠投が90メートルしか投げられなければどうする？」と聞いてきた。なるほど、そうしたことも考えなければいけない。「外野の間を抜くライナーを投げる」と言うと、コーチは深くうなずいた。

「アメリカの選手は」と書くと、対象が広くなりすぎるが、メジャーリーグで活躍するバッターは打球の質にこだわっている。いかに芯でとらえて、打球に角度をつけて、遠くに飛ばしていくか。その結果がホームラン、あるいはライナーになるような技術を追い求めているのだ。

アメリカで驚いたことのひとつに、打球の回転がある。日本で打球を飛ばすとなると、バックスピンが良いとされる傾向があるが、アメリカではトップスピンがベストとの考えがあった。なぜなら、バックスピンは高く上がりすぎると逆風に押し戻されるリスクがあるからだ。

理想は、トップスピンで外野スタンドに放り込むこと。意識してトップスピンをかけるのは難しいが、イメージとしてはバットの芯でボールの芯を打ち抜き、ボールをグシャッと潰す。「ボールの下にバットを入れて回転をかける」という考えはそこにはない。インパクトがずれればライナーにもなるが、ラインドライブがかかっていれば、野手にノーバウンドで捕られる前にグラウンドに着弾する。たとえゴロになったとしても、打球スピードが速く、失速しづらい利点もある。

このような技術を習得するには、どのような理論や練習方法が必要になるのか。それを、これから写真や動画とともに解説していきたい。第1章では理論を丁寧に説明し、第2章ではそれを実践するためのドリルを紹介する。さらに、肉体を作り上げるための強化法や、実戦で結果を残すためのメンタリティーなどにも第3章で触れている。

打撃理論のキーワードを挙げていくと、「Palm Up」（トップハンドの手のひらを上に向ける）、「Trust Your Hand」（自分の手を信じる）、「Behind The Ball」（ボールを後ろから見る）、さらに「バッターゾーンで勝負」「インパクトゾーンを広く」「胸から腕が生えている」「意識的にリストを返さない」「ヘッドを加速させない」「重力を利用する」「正しいアッパースイング」「バットをタテに使う」「リズム&タイミング」といったところだ。

日本の代表的な教えでもある「リストを返せ」「トップから最短に」「グリップから出せ」「前で打て」「脇を締めろ」とは、まったく異なる理論となる。決して、全否定しているわけではなく、「メジャーリーグでホームランを打つためには」という大前提があることを頭に入れておいてほしい。「足が武器なので、ひたすらゴロを転がすスタイルを目指します」という選手には、適さない考えであることを先に断っておく。

まだ体が小さく、筋力の弱い小学生や中学生には難しい動きもあると思う。バッティングはある程度、体に強さがついてこなければ、できない技術があるのも確かだ。根鈴道場でも、小さい子どもにあれこれ細かいことを教えてはいない。「目指すべき技術がここにある」という視点で、読んでもらえればと思う。

バッティングは、どんな一流選手であっても打率は3割。ホームランを毎試合打てる選手など存在しない。それだけ、ピッチャー有利のスポーツであると言える。そもそも、ピッチャーがボールを投げなければ試合が始まらないのが野球であり、ピッチャーが主動的な立場だとしたら、バッターは受け身の立場。投球に応じた対応力が求められるので、より難しさが増していくのだ。

でも、難しいからこそ、追求のしがいがある。ホームランを打って、悠々とダイヤモンドを回るときの喜びは、打った者にしかわからないだろう。あの喜びをたくさんの人に味わってほしい。この作品を通して、ホームランを打つ楽しさ、そしてホームランを打つ技術を伝えられたら、これ以上嬉しいことはない。ぜひ、最後までお付き合いください。

MLB《メジャー》でホームラン王になるための打撃論　目次

第2章 ホームランを打つためのドリル

バッティングドリル

トレーニングドリル

棒体操ドリル

第3章

アメリカで戦うための心と体

第１章

MLBで ホームランを打つための 打撃理論

重力とバットの重さを利用してスイングする

芯でとらえて、打球に角度をつけて、遠くに飛ばすにはどうすればいいのか。第1章では、私が考えるバッティング理論を解説していきたい。

根鈴道場に初めて来た選手に、「バットを振ってみて」とスイングしてもらうと、ほぼ全員が体を横に回して、バットを横に振る。地面に対して、平行に近いスイングという意味だ。わかりやすく言えば、子どもの頃に遊んだ野球盤のスイング。グリップに支点があり、テコの原理を生かしてパチンと横に振る。

昔から、日本では「レベルスイング」と呼ばれているスイング軌道であるが、そんな名前は何だっていい。決して、野球盤のせいではないだろうが、問題なのは「バッティング＝バットを横に振る」と思い込んでしまっていることだ。だから、「今までのスイングを忘れてもらっていいですか？」というところから、指導は始まっていく。

私の理論の根底にあるのは、「重力を生かして、バットを縦に振り、インパクトゾーンを長くする」。バットを横に振ろうとしているうちは、何も始まらない。

横のスイングを縦のスイングに変えるために、頭に入れておいてほしいのが「上にあるものは、加速しながら下に落ちていく」という考え方だ。バットを持って構えたときに、両手のグリップを離せば、バットはそのまま真下に落下する。「バットを落とそう」とは思っていなくても、重力によって勝手に落ちる。トップからバットを振り出す際には、この落下を利用することで、強く速いスイングを生み出すことができる（写真①）。

① 落下を利用することで、強く速いスイングを生み出すことができる

ただ、これをいきなり実践するのは難易度が高い。根鈴道場では、小学生や中学生でもわかるように、重力を感じるための簡単な練習を用意している。左バッターなら右手、右バッターなら左手にバットを持って、体の前面でバットを大きく、大きく回していく。左バッターの私でたとえると、バットを持った右手を真っすぐ高く上げたところをスタートラインにして、反時計回りにゆっくりと回す。バットのヘッドで大きな円を描く感じだ（写真②）。

何度も何度も回していると、自分の力が必要ないことがわかってくるはずだ。

重力に加えて、バットのヘッドによって生み出される遠心力で、バットがグルンと下から上がっていく。細かいことを言えば、バットの軌道は体（軸足）の内側からピッチャー方向に向かっていることが大事になる。あとで紹介する「バットの面をピッチャー方向に長く向ける」につながっていく。

この動きがスイングの基本動作であり、ここにもう一方の手と下半身の動きを加えるだけで、実際のスイングに徐々に近づいていくのだ。イチロー選手が、ネクストサークルで振っていた感じになってこないだろうか。「高めはどうやって打

② 重力を感じるための簡単な練習。バットのヘッドで大きな円を描く

つの?」というツッコミが入りそうだが、のちほどゆっくり解説するので、しばしお待ちを。今はスイングの初歩の初歩の話である。

重力を生かす感覚がわかってきたら、大きく描いていた円を少しずつ小さくしていく。特に、キャッチャー側の円を小さくすることがポイントになる。最終的には、体の中でバットを回すような感覚を持ちながら、振り出せることが理想だ。

縦にバットを落としながら振ったときと、横にバットを振ったときのスイングの違いを感じてほしい。縦に落としたほうが、バットの重さを生かしながら、楽に振れる感覚があるはずだ。横にバットを振ろうとすると、体から離れたバットのヘッドに重力がかかることになり、自分の腕の力で耐える必要が出てくる。ちょっとでも力を緩めたら、ホームベースのほうにヘッドが垂れてしまう。これは重力とケンカしている状態であり、理にかなったスイングができないのは明らかなことだ。

バットが900グラムぐらいなので何とかなっているが、もし、バットの重さが10キロあったらどのように振るだろうか。横に振ろうとは絶対にしないはずだ。落下を生かさなければ、振ることなどできないだろう。腕の力でバットを振ろうと思っている間は、ホームランは打てないと思ったほうがいい。

実際に、メジャーリーガーがホームランを打っているときのバットの角度を見ると、地面に対して45度に近い角度でインパクトを迎えていることがほとんどだ。言うなれば、これが「ホームランインパクト」。はじめから、横に振ろうと思っていると、この角度を生み出すことができない（写真③）。

③ 地面に対して45度の「ホームランインパクト」

インパクトに上向きの要素があれば打球は上がる

中学生や高校生に、「どうやったらフライを打てる?」と聞くと、野球に詳しい子であれば、「ボールの中心から少し下を狙って打ちます」と答える(写真①)。たしかに、よく耳にする考え方である。ボールの上を打てばゴロになり、中心をとらえればライナーになり、少し下を打てばフライになる。決して、間違ってはいない。でも、ピッチャーが本気で投げてくるボールに対して、こんなにも細かいことを実践できるのかと疑問に思うのだ。難しすぎるように感じるのは、私だけだろうか。

そもそも論として、これはバットを横に振ることを前提にした考え方である。縦に振る技術を覚えたとしたら、どうなるか。私はライナーを打つのも、フライを打つのも、より簡単になると思っている。

頭の中に、カベ当てのカベを思い浮かべてほしい。カベが地面と垂直に立っていれば、投げたボールはそのまま下に落ちるが、カベが斜め上に傾いていれば、ボールは斜め上向きに跳ね返ってくるだろう。

　次は羽子板。羽根を相手に打ち返すとき、板の向きはどうなっているだろうか。地面と垂直であれば、羽根はすぐに落ちてしまうはずだ。羽子板で下からすくうようにして、板を斜め上向きにすることで、羽根をうまく返すことができる。テニスのラケットでも同じことだ（写真②）。小さい子どもであっても、本能的にこのような上向きの角度を作るはずだ。誰かに教わるようなことではないだろう。角度をつけて返すには、「面が上を向いていたほ

①　ボールの中心から少し下を打てば、
たしかにフライにはなるのだが…

うがいい」とわかっているのだ。

バッティングのインパクトにも、まったく同じことが言える。斜め上向きの角度で、ボールをとらえることができれば、必然的にライナーかフライが飛ぶ（写真③）。バットの真ん中でとらえればセンターに打球が飛び、それが左右にずれれば、打球方向も変わってくる。

だから、ボールの中心から下を狙う必要もない。バットの芯で、ボールの中心を打ち抜く。ラインドライブがかかろうとも、ライナーで野手の間を抜ければオッケーだ。もっと角度が出て、

② ラケットを斜め上向きにすることで、ボールは上がる

③ 斜め上向きの角度でボールをとらえれば、ライナーかフライが飛ぶ

ホームランになることだってあるだろう。このように考えたほうが、シンプルではないだろうか。

良いアッパースイングと悪いアッパースイングの違い

こういう話をすると、「アッパースイングで下からかち上げればいいんですね」と思う人が必ず出てくるのだが、それはまた違う話だ。アッパースイングにも、良いアッパーと悪いアッパーが存在する。これをしっかりと理解しておかなければ、下から上にやみくもに振り上げているオーバースイングのバッターになってしまう(ひとつ断っておくと、自分のスイングをアッパースイングだと思ったことは一度もない。ここでは便宜的に、アッパースイングだと仮定したうえで話を進めていく。そもそも、○○スイングといった名前はどうでもいいと思っている)。

最重要ポイントになるのが、ボールとバットの位置関係だ。良いアッパーは、バットの芯がボールの軌道上に入っていて、悪いアッパーはバットの芯がボールの軌道よりも下がっている状態になる。ヘッドがボールよりも低い位置に入ったら、下からかち上げるスイングになり、高めの速いフォーシームに対応できないのは当然のことだろう。

私はよく、ジェットコースターにたとえるのだが、上からタタタッと加速しながら下がっていく〝最落下点〟でボールをとらえることが大切だ。ヘッドのもっとも低い位置が、ボールの軌道に合っていなければいけない、ということだ（写真①）。決して、上に登っていくところで打つわけではない。ここは、絶対に勘違いしないでほしい。

この打ち方を実践するには、後ろの肩とグリップがボールの軌道よりも高い位置になければいけない。高めを打つときでも、ボールよりも上に後ろの肩とグリップを持っていく。なかなか高度な技術になるが、これができてこそ正しい「アタックアングル」（ボールをとらえにいく際のバットの角度）を作ることができる。そして、正しい軌道でバットが入れば、おのずとライナーからホームラン性の「ランチアングル」（打球角度）が生み出される。グリップを下げて、いわゆる〝ヘッドを

① ヘッドのもっとも低い位置の"最落下点"でボールをとらえる

立てて〝打たなければいけない高さは、見逃せばボール球。わざわざ、手を出す必要はない。

「高めは上からのダウンスイング」「真ん中はレベル」「低めは下から振るアッパー」という考え方もあるが、18・44メートルの短い距離の中で、こんな器用なことはできないと思っている。打ち方が3種類あることになる。150キロ近いストレートであれば、0・4秒の間に対応しなければならず、変化球も混ざってくる。使い分けるのは至難のワザだ。すべてのコースに、バットを縦に使う感覚を持ち、上体の傾きを変えることで対応するのがベストではないだろうか。バットを自分の力で上げるよりは、落とすことのほうが重力を生かせるので、高めのストライクを弾き返せる準備をして待っておく。高めから低めへの調節はそう難しいことではない。

意図的なリストターンはバットの面が消える

再び、野球盤のスイングに話を戻す。

グリップに支点があり、テコの原理を使ってバットを振る。技術的に解説すると、「脇を締めて、意図的にリストを返して、ヘッドを走らせるバッティング」となる。多くの日本人が、一度は指導された経験があるのではないか。私も子どもの頃、「リストを返せ」と盛んに言われ、大学時代までその意識で打っていた。でも、アメリカでプレーするようになってから、この打ち方ではドンピシャの一点でしかボールをとらえられないことが身に染みてわかったのだ。レベルの高いピッチャーと対したときに、これでは確実性を上げることができない。

リストを返す一番のデメリットは、「バットの面が消える」ことにある（写真①）。リストを返す前にはまだ面が出てきておらず、リストを返した先には面が残っていない。すなわち、「面が消える＝バットの芯でボールを打てない」ということだ。リストを返す瞬間だけ切り取れば、たしかにヘッドは走る。このときにボールを打つことができれば、強い打球が飛びやすいが、ここからずれたときの対応があまりに脆くなってしまうのだ。

日本で昔からある「8の字スイング」や「連続ティー」は、一点でヘッドを走らせるための練習だと、私は感じている。高校生がよくやっているが……、金属バットでリストを返せば強烈な打球が飛んでいくのは、まぁそのとおりだ。でも、自らミートポイントを狭めていることも、自覚しなければいけない。

斜め45度からのロングティーも、遠くへ飛ばすことに主眼を置いた練習で、こればかりをやっていると、ポイントがどんどんピッチャー寄りにずれていく。緩いトスであれば、「ボールがここにくる！」とわかるので、その一点でリストを返して、ヘッドスピードを上げるクセがつく。

✕ ① リストを返す一番のデメリットは、「バットの面が消える」こと

冬場にロングティーをやるチームは、注意をしたほうがいい。トレーニングによって体も強くなり、打球の飛距離は間違いなく伸びる。でも、それは自分が打ちやすいポイントでヘッドを返しているのだから、当たり前のことなのだ。練習のための練習になりかねない。いざ、実戦になったときに、バットの面が早く消えるリスクがあることをわかったうえで、取り組む必要がある。

一瞬のスイングスピードは実戦では使えない

リストを意図的に返すことは、アメリカでは「ロールオーバー」と表現され、良くないことだと認識されている。以前、強豪社会人チームでプレーする選手から、こんな話を聞いたことがある。元メジャーリーガーが臨時コーチに就いたとき、「なんでロールオーバーさせるんだ？　ロールオーバーでヘッドを走らせたって、打てるポイントが限られるだけだ」と、指導のはじめの段階で言われたそうだ。アメリカ人の感覚からすると、違和感しかないのだろう。リストは意図的に返すものではなく、振ったあとに腕が伸びて自然に返るもの。この認識をしっかりと持ってほしい。

根鈴道場には、強豪高校や名門大学でクリーンアップを打っているようなバッターも通っているが、スイングスピードだけは速い。一点でリストを返すので、その瞬間だけ計れば、１４０キロや１５０キロを計測する。でも、私から言わせれば、「ピッチャーのレベルが上がったときには、使えないスピードだよね」と思ってしまうのだ。一点でのスイングスピードなど、はっきり言ってどうでもいい。大事なことは、インパクトゾーンの中での平均スイングスピードだ。たとえ１３０キロ台であっても、バットの面がピッチャー方向に長く向いていれば、芯でとらえたときにはボールは飛んでいく（写真①）。

日本人からすると、メジャーリーガーのほうが強く打つことにこだわっていると感じるかもしれないが、私は逆だと思う。日本のほうが一点での強いインパクトを求めすぎて、ヒッティングポイントの幅が狭くなっているのではないだろうか。メジャーリーガーの考えは、できるだけバットの面を長く見せて、少々詰まっていよ

① バットの面が長く向いていれば、芯でとらえたときにボールは飛んでいく

うが泳がされようが芯に当てる。その結果がホームランやライナーになる、という考え方だ。

たまに、「あっちむいてホイ」のような感じで、右バッターの顔がレフトに向いているのに、打球はライトスタンドというホームランを見るが、あれも立派な技術だ。バットの面がセンターに向き、芯にさえ当たれば勝負ができる。「ストレートに差されましたね」と、何も知らずにしゃべる解説者もいるが、差されてもスタンドに放り込む技術を磨いている。

「ピッチャーゾーン」ではなく「バッターゾーン」で勝負する

「バットの面を長く見せる」とはどういう技術か。この話をするには、ミートポイントの解説が必要になる。

ミートポイントは、「ヘソの前」や「踏み出し足の前」など、指導者や選手によってさまざまな考え方があると思うが、そうした話は一切しない。なぜなら、レベルが高いピッチャーに対して、ボールを一点でとらえることなどできないと思っているからだ。

私は、「ピッチャーゾーン」と「バッターゾーン」という概念を持っている。踏み込んだ前足を基点にして、ピッチャー寄りをピッチャーゾーン、キャッチャー寄りをバッターゾーンと仮定する。もっとも打球が飛ぶ可能性があるのが、後ろヒジが伸び切る直前でとらえたところだ。自分の体の外（＝ピッチャーゾーン）にミートポイントがあり、バットの遠心力を最大限に生かすことができるからだ。芯でとらえたとき、左バッターなら打った瞬間にライトスタンドにぶっ飛んでいくだろう。バッターからすると「おいしいゾーン」と言っていい。

しかし……、ピッチャーのレベルが上がれば上がるほど、ここでとらえることは難しくなる。さきほども書いたように、150キロのストレートであれば、キャッチャーミットに届くまでの時間は約0・4秒。バッターは打つか打たないかの判断をすぐにできるわけではなく、脳に指令を送るまでに0・2秒かかると言われている。スイングにかけるまでの時間は、0・2秒ほどしか残っていない。これが、ミートポイントを前にすればするほど、ボールを判断する時間が必然的に失われていくことになる。

さらにピッチャーは、スライダーやカーブ、カットボール、フォーク、スプリット、チェンジアップ、ツーシームなど、多彩な変化球を混ぜてくる。アメリカに行けば、〝汚い回転〟のストレートを投げるピッチャーがヤマほどいる。手元で変化するボールは、バッターからすると途中までストレートに見えるため、「ストレートがきた！」と思い切り振りにいったところで、スッと沈んだり、曲がったりする。こんなに厄介なボールはない。ピッチャーゾーンのおいしいところでストレートを打つことだけを考えていたら、変化球にまったく対応できなくなるのだ。いわゆる「目切りが早い」バッティングになってしまう。

バッターがまず考えることは、遠くに飛ばすことではなく、芯でとらえること。その技術を突き詰めていくことが、結果的にホームランにつながっていくと考えたほうがいいだろう。

アメリカでは「ブラック」を打てなければ通用しない

私がアメリカで勝負していたときは、初対戦のピッチャーが当たり前だった。日本と違って球団数が多く、選手の入れ替わりも激しいため、同じピッチャーと複数回対戦するほうがレアなケースになる。コーチに「どんなピッチャーか？」と聞いても、「ストレート、スライダー、チェンジアップ」と球種を教えてくれるだけ。こんなデータなら、あってもなくても変わらない。しかも、1Aや2Aのピッチャーでも、150キロのストレートを平気で投げてくる。

データがないピッチャーには、バッターゾーンで一番速いストレートにタイミングを合わせておきながら、ほかの球種にどれだけアジャストできるか。シンプルではあるが、攻略するにはこれしかない。ピッチャーゾーンでストレートを待っていたら、変化球でクルクル空振りさせられるのが目に見えている。特に左対左になれば、外のスライダーを3球続けられて終了だ。

これは何も、トップレベルの話だけではないだろう。中学生でも高校生でも、どのカテゴリーにも起こりうることだ。「こいつのストレート速いな」と感じるピッチャーと対峙したとき、ミートポイントを前に置きがちだ。「空振りしたくない」「詰まりたくない」というバッターの本能が働きやすい。しかし、こうなると、緩急に簡単にやられることになる。たまにはドンピシャでとらえることもあるが、その確率はおそらくかなり低いだろう。

アメリカで面食らったのが、アウトコースのストライクゾーンの広さだ（写真①）。今でも、「日本に比べると、インコースが

① アメリカでは、アウトコースのストライクゾーンがボール１個分広い

狭く、アウトコースが広い」と言われるが、私がやっていた頃はもっと顕著だったように思う。埋め込み式のホームベースを使っていて、ベースの周りが黒いラバーで覆われていた。つまりは、ベースの外枠が黒い。10センチに満たないぐらいの幅だが、この枠までストライクを取る球審が多かった。向こうでは通称「ブラックゾーン」と呼ばれていた。

このアウトコースを、ピッチャーゾーンでとらえようと思っていたら、100回振っても外野オーバーを打つことはできないだろう。どれだけ引き付けて、体の近くで打てるかどうか。日本にも外が広い球審はいるわけで、バッターゾーンでとらえる技術を身につける必要がある。

バッターゾーンで勝負できるようになれば、必然的に見極めも良くなり、ストライクからボールになる変化球に手を出さなくなる。ボール球が増えていけば、バッター有利のカウントになり、甘いゾーンに比重を置きながら打つことができる。日本の選手であれば、柳田悠岐選手や吉田正尚選手は長打力と選球眼を兼ね備えていて、理想的なタイプと言えるだろう。

トップハンドでボールをとらえる

バッティング理論を語るときに、よく議題に挙がるのが、「ボトムハンドで打つのか、トップハンドで打つのか?」ということだ。左バッターの私でたとえると、バットを握ったときに下にある右手がボトムハンド、上にある左手がトップハンドとなる。日本人の場合、「片手で素振りをしてみて」と言われると、ボトムハンドで振ろうとする選手が多いが、アメリカではほぼ100パーセント、トップハンドで振る。

これも、ピッチャーゾーン、バッターゾーンの話につながるところだ。バッターボックスに立ったときに、トップハンドとボトムハンドのどちらがキャッチャーに近い位置にあるか。小学生であってもすぐにわかることだろう。バットは両手で握っているので、両手を使って振るのは当たり前だが、主はトップハンドにある。トップハンドで、ボールをつかむようなイメージを持っていなければ、深いポイントでとらえることは絶対にできない（写真①）。ボトムハンドに意識があるかぎり、ピッチャーゾーンで打つことになる。

ミートポイントの違いがよくわかるのが、スタンドティーの位置だ。何も指導せずに見ていると、ボトムハンドで打ちたい選手は、踏み出した前足よりもピッチャー寄りに置く傾向にある。トップハンドに意識があれば、体の中＝バッターゾーンに置く。真ん中のコースなら、自分の股間の前に置くだろう。深いところで打てるイメージを持っているからだ。

◀

① トップハンドで、ボールをつかむようなイメージを持つ

現役時代の私は、速いストレートに対して、「トップハンドを素早く入れて、自分がカベになる」という意識を持っていた。バットを強く振ろうとするのではなく、バットをカベにすることでボールを跳ね返す。芯に当たれば、相手のストレートの勢いを利用することができて、強い打球が飛んでいくものである。

理想は、バッターゾーンでとらえてもスタンドに放り込むこと。そのためには当然、フィジカルの強さも必要になってくる。メジャーで通算762本塁打を放ったバリー・ボンズは、ホームランを打つイメージを聞かれて、「セカンドフライを打つような感じ」と答えている。つまりは、やみくもにフルスイングする必要はない。フィジカルの差もあるが、私からすると、日本人のほうが「フルスイングで遠くに飛ばしたい」という願望が強いように感じる。

私は左投げ左打ちだったので、利き手＝トップハンドだったことが、優位に働いたと思う。左手をもともと器用に扱うことができた。これが右投げ左打ちになると、どうしてもボトムハンドの右手が主導になりやすく、前さばきで打ちたくなるのだ。変化球を拾うときはそれでもいいのだが、速いストレートを深いポイントで待てなくなる弊害がある。松井秀喜選手が渡米する前、利き手とは逆の左手でキャッチボールをするなど、左手を自在に扱えるように取り組んでいた。

この感覚はよくわかる。もっとバッティングにつなげていくとしたら、スナップスローのほうが近いだろう。走者一塁でファーストがゴロを捕球して、ややサイド気味から二塁に放る。上から思い切り投げるのではなく、ランナーに当たらないようにして横から投げるべき局面だ。良いボールを投げられる選手は、体の近くに左ひじが入ってきて、そこから利き手が遠くに離れていく。バッティングの手の使い方とよく似ている。スナップスローのキャッチボールもおすすめだ。

インパクトゾーンを長く取る

実際に、バッターゾーン内のミートポイントを表現したのが写真①になる。

アウトコースよりもインコースのほうが、体とボールとの距離が取れないため、ポイントがやや前になる。インハイがもっとも窮屈になるが、それでも構えたところの前ヒジ付近までは対応が可能だ。アウトコースに関しては体から距離を取れる分、軸足の前まで引き付けてもボールをとらえられる（写真②）。さきほど紹介した「ブラック」を打つには、この技術が求められる。

勘違いしてほしくないのは、「いつもここで打ちなさい」と言いたいのではなく、「それぞれのコースのもっとも深いポイント」という意味になる。目安としては、前腕とバットが一直線に並ぶラインだ。ここまでは、フェアゾーンに打ち返すことができる。ファウルでいいのであれば、もう少しキャ

① バッターゾーンにおけるミートポイント

ッチャーに近いところで触れるはずだ。

重要なのはここからで、この深いポイントから腕が伸びるおいしいゾーンまで、ボールを根こそぎとらえられるかどうか（38ページ写真①参照）。これが、トップレベルでホームランを打つためには欠かせない技術となる。イメージとしては、速いストレートを深いポイントでも打てるように準備しておいて、そこから遅いボールは前でとらえる。インパクトゾーンの幅を広げておくことによって、時間差に対応することが可能になっていく。

バッターに、「踏み込んだ前足の前

② アウトコースは、軸足の前まで引き付けてもボールをとらえられる

でストレートを打ちたい」という願望があったとしても、実際にそのとおりに打てる打席など、年間に数えるほどしかない。思ったよりも球速に差されることもあれば、ボールが遅くて抜かれることもある。そのときでも、芯でとらえる技術を身につけておく必要があるのだ。

根こそぎとらえるには、バットの面が常にセンターに向いておく必要がある。これが、「バットの面を長く見せる」という技術につながっていく。面が向いていなければ、芯でミートできないのは明らかなこと。バットは丸い形をしているので、面を意識しづらいかもしれないが、これがテニスのラケットや羽子板だと仮定したらイメージしやすいだろう（写真③）。面が横を向いた瞬間、芯が消えることになり、ボールをとらえられないことがわかるはずだ（写真④）。

西武で活躍したG.G.佐藤は、法政大の後輩になるが、よく一緒に練習をしていた。オフシーズンには、２人でテニスをした。何も本気のテニスではなく、右打ちのG.G.は右手、左打ちの私は左手にラケットを持って、「ポーン」とボレーを返すようにワンバウンドでラリーを続けていく。これでラケットの面を消さずに、打

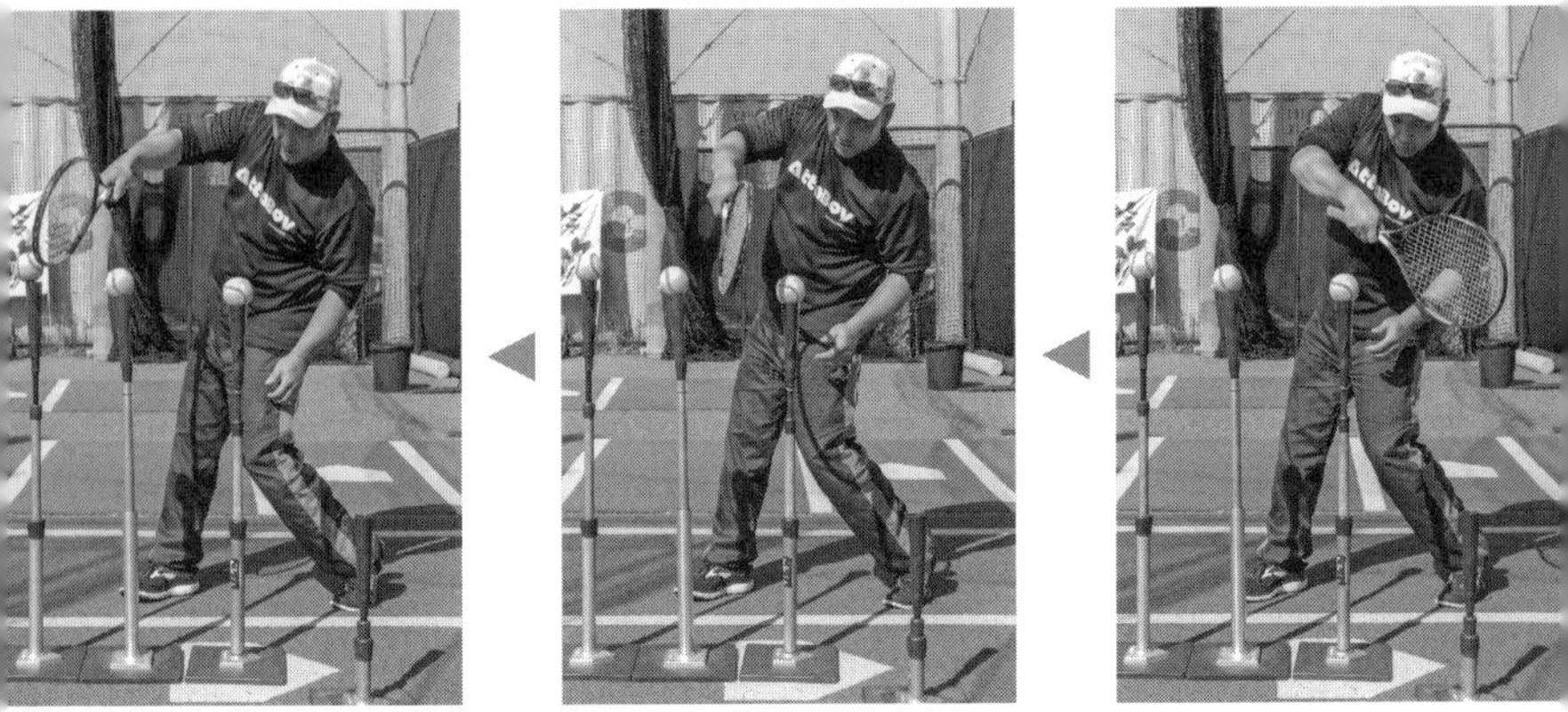

③ 面が向いていなければ、芯でミートすることはできない

✕ ④ 面が横を向いた瞬間、芯が消えることになり、
ボールをとらえられない

ちたい方向に出す感覚を、体に染み込ませた。強く振り切ろうと思えば思うほど、バットの面が消えていくことを頭に入れておいてほしい。

繰り返しになるが、意識的なリストターンはバットの面を自ら消すことになる。日本人のバッターが、メジャーリーグに行くとゴロアウトが増えることと、無関係ではないはずだ。手首を返すクセがついていると、小さく曲がる変化球をどうしても引っかけやすくなる。

トップハンドはパームアップ、ボトムハンドは逆シングル

トップハンドで深いポイントから打てる準備をして、バットの面をピッチャー方向に向けながらボールをとらえるためには、具体的にどんな技術が必要になるのか。最大のポイントは手の使い方にある。

私は、「トップハンド＝パームアップ」「ボトムハンド＝逆シングル」との考えで指導している。パームアップとは、手のひらを上に向けたままバットを振り抜くこ

とだ（写真①）。バッターゾーンからピッチャーゾーンまで、パームアップの状態をどれだけ保てるか。腕が伸び切ったあとには、自然にリストが返ってくる。

　私の感覚からすれば、リストを使うのは最後の最後。変化球で抜かれたときに、ボトムハンドのリストワークでボールを拾う。スイング中にリストターンを意識していると、本当に必要なときに使えなくなってしまう。

　パームアップに関して、あの王貞治さんも同じようなことを語っている。30年近く前の話になるが、ＮＨＫで放

送された『真髄・打つ』の中で、「手のひらを上に向けて、ボールをとらえたあと、手が伸びていくのが飛距離を出す秘訣」といった趣旨の言葉を残しているのだ。この技術があったからこそ、通算８６８本ものホームランを打てたのではないだろうか。

私は、王さんのバッティングが大好きで、小さい頃からＶＨＳに録画した映像を擦り切れるほど見ていた。漠然とではあるが、「王さんのように打てば、ホームランが打てるんだな」と感じたものだ。刀で上から下に振り下ろす素振りのイメージが強いだけに、

① トップハンドは、手のひらを上に向けたままバットを振り抜くことが大切

「ダウンスイング」と勘違いされるところがあるが、試合での王さんはそうではない。パームアップがきれいにできていた。

　もう一方のボトムハンドの使い方は、日本では「手の甲でパチンと打て」「前の脇を締めて、ボールに裏拳をかませ」といった教えが一般的だろう。上体と腕をチューブで巻き付けて、脇が開かないように打たせる指導者もいる。

　私の考えは、180度違う。前脇を開け、ヒジを上げて、手のひらをピッチャーに見せる。キャッチャーが低め

② ボトムハンドは、ピッチャーの球を捕るようなイメージで扱う

の球を逆シングルで捕る動きに近い。実際に、バッターボックスの中でもピッチャーの球を捕るようなイメージを持っている（写真②）。

なぜ、逆シングルの形がいいのか。これは写真③を見てもらうと、わかりやすい。脇を締める打ち方と、脇を開ける打ち方を比較したものだ。注目してほしいのは、前腕の長さにある。脇を締めて打とうとすると、どうしても前腕の距離が出てしまい、グリップを持った拳が体から離れることになる。前の脇を開けておけば、拳と上体の距離が近くなり、バットを体の近くから出すことができる。私の感覚としては、「胸から腕が伸びている」「胸から直接バットを出す」（写真④）。どれだけ、腕を短く使いながらバットを振り出せるか。この感覚がなければ、バッターゾーンでとらえることは不可能だろう。

〇脇を開ける打ち方

✕脇を締める打ち方

③ 脇を締めて打つと、前腕の距離が出てグリップを持った拳が体から離れてしまう

④「胸から腕が伸びている」「胸から直接バットを出す」といったイメージで

「ステイインサイド」が大事なのはアメリカも同じ

「インサイドアウトが大事」とはよく耳にする言葉だが、この考えはアメリカでも変わらない。「ステイインサイド」と表現されることがある。バットを体の内側から出していくことで、バットの面をピッチャー方向に、直線的に長く見せたまま振ることが可能になる。特にインコースを打つには必須の技術（写真①）であり、外回りの軌道ではドン詰まりになるだけだ。

このとき、手が体から離れるほど、内側から振り出すのは難しくなる。すなわち、脇を締めて打つことは、自らインサイドアウトをしづらくしているのだ。この事実を知っておくべきだろう。

そもそも、脇を締めた状態でバットを振れるのだろうか。自由さが失われないだろうか。前脇を開けることは、「一部のメジャーリーガーの技術では？」というツッコミがあるかもしれないが、日本人でも柳田選手、吉田選手、坂本勇人選手らはこのテクニックを巧みに使っている。「後ろのヒジをヘソに近づけてきなさい」という教えも聞くが、これにしても前の脇を締めてしまえば、ヒジの通り道がなくなってしまうのではないか。脇を締めることは、リストを返して、パチンパチンと打つためだけの技術だと認識したほうがいいだろう。

余談ではあるが、左投げ左打ちの私は、右手よりも左手のほうが4センチ短い。小学生のときにボールを投げすぎてしまい、ヒジを故障したせいである。でも、「ケガの功名」

でバッティングには大いに役立った。トップハンドが短いおかげで、体の近くからバットを振り出すことができたのだ。だから、インコースのストレートに対する苦手意識もなかった。人間、何が幸いするかわからないものだ。

① インコースを打つには、ステイインサイドが必須の技術

「ビハインドザボール」の重要性

アメリカの打撃用語に、「スルーザボール」「ビハインドザボール」という言葉がある。「後ろの手が体の前を抜けていくまで、顔を動かすな（スルーザボール）」「ボール（打球）を後ろから見られるような、フォロースルーを取りなさい（ビハインドザボール）」との意味で、表現したいことはよく似ている。

わかりやすく言えば、「手に仕事をさせろ」。バットの振り出しから振り終わりまで、頭の位置はほぼ変わらない。動くのは、頭から下の部分でしかない。私は手の使い方に自信を持っていて、コーチ陣からも「クイックハンズ！」と褒められることがあった。手の動きが速い。きっと、左手が短いことも幸いしていたはずだ。

「トラストユアハンズ」という言葉もある。直訳すれば、「あなたの手を信じなさい」。バッターの本能として、「飛ばしたい」と思えば思うほど、上体をあおりたくなるのだが、そんなものは必要ない。自分の手が正確にボールをとらえることができれば、打球は勝手に飛んでいく。大事なのはハンドワークだ。手を走らせればいい。結構、お気に入りのフレーズである。こうした言葉がけを見ても、アメリカでは手の動きを重視していることがわかってもらえるだろう。

バッターはついつい打球が飛んだ方向を見たくなるのだが、この意識があると「ヘッドアップ」といって頭が上がりやすい。ゴルフでよく使われる用語だ。顔が飛ぶ。「とらえた！」と思っても、顔が動くことで、前の肩がわずかに上がるなどして、ミートポイントがずれてしまうのだ（写真①）。これほど、もったいないことはない。

✕ ① 顔が動くと、前の肩が上がるなどして、ミートポイントがずれてしまう

日本風に言えば「ボールをよく見なさい」「顔を残せ」となるだろう。

現役時代は、「前にある右目でインパクトを見られるかどうか」をひとつのチェックポイントにしていた。実戦で確認するのは難しいので、バッティング練習の中で意識づけをする（写真②）。ネクストサークルで動きを確認する「チェックスイング」のときも、インパクトで顔を残すようにしていた。

根鈴道場に通う小学生や中学生には、遊びの延長でこんなことをさせている。鏡の前に正対して、顔の位置だけは変えずに、背骨を軸にして左右の肩を入れ替える。こ

れを少しずつバッティングの動作に近づけて、体が回っても顔は残る動きを染み込ませていく。自主練習で素振りをするのであれば、自分の姿が映った窓ガラスや鏡に顔を合わせて、両目がずれないようにしてバットを振るのがおすすめだ。どれだけ強く振ろうとも、顔がぶれてしまえば、ミート力は間違いなく下がる。

ぜひ、大谷翔平選手が左中間に放り込むときの映像を見てほしい。顔がしっかりと残り、手に仕事をさせている。打球の行方を見るのは、手の仕事がすべて終わってから。見過ごされがちだが、非常に重要な技術である。

②「前にある右目でインパクトを見られるかどうか」を普段から意識する

「最短でバットを振れ」の誤解

「脇を締めろ」「リストを返せ」に加えて、日本でよく聞く指導法が「トップからバットを最短に振れ」だ。トップから振り出すときに、バットが体から離れるのを防ぐための教えだと思うが、体からバットが離れていくと、バットにかかる遠心力が体の外へ外へと逃げていき、ボールに対して遠回りのスイングになりやすい。ただ、この言葉をそのままストレートに受け止めて、斜め下に振り下ろすダウンスイングになる選手がいる。ダウンスイングでは、バットとボールの接点が一点しか存在しないことになり、打球に角度をつけるのが難しくなる。

だからといって、「最短に振れ」が完全に間違っているとも思わない。大事なのは、何が最短なのか。私はバットではなくて、手を体に近づけて振ることが、「最短に振れ」の本当の意味だと解釈している。結局、脇を締めて振ろうとしたら、手が体から離れることになるので、最短に振ることはできない。

写真①のように、輪っかを首と両腕に通してスイングしてみると、体の内側から手を使う感覚がわかるはずだ。トップから手（グリップ）を落とすことによって、重力と遠心力を生かしながらスイングに入ることができる。トップからの落としの局面では、ヘッドを立てておかないとバットが体から離れていきやすい。具体的に言えば、トップハンドの前腕とバットのグリップの角度が、90度よりも鋭角の関係であること。この角度をできるだけ保ったまま、バットの面をボールに向けていく。ただし、「グリップエンドをボールにぶつける」という意識は一切ない。これはリストターンを促

① 輪っかを首と両腕に通してスイングしてみると、体の内側から手を使う感覚がわかる

す打ち方になり、インパクトもピッチャーゾーンになりやすいからだ。

　トップに入ったときに、「ヘッドをピッチャー方向に倒しすぎてはいけない」という考えも耳にする。かつて、ロッテでプレーしていたフリオ・フランコの打ち方を思い出してみると、わかりやすいだろう。私は、たいした問題はないと思っている。ここからヘッドが遠回りしてしまえば問題であるが、体の近くで手を動かすことができれば、ヘッドには遠心力がかかって、スッと落ちてくるのだ。

　少々昔の話になるが、阪神で活躍した掛布雅之さんは、トップからインパクトを迎

えるまでのヘッドの使い方が非常にうまかった。ヘッドがピッチャー側に入りながらも、手をスッと落として、ボールの軌道にヘッドを入れる技術を持っていた。

フランコや掛布さんの動きは、「顔の下で肩をタテ目に入れ替える」と表現することもできる。両手で車のハンドルを回すイメージを持つとわかりやすいだろう。左バッターであれば、ハンドルを反時計回りに回していく。手でハンドルを握っているかぎり、手が体の外に離れていくことはない（写真②）。

小学生に、ハンドルに見立てた輪っかを両手で持った状態で構えてもらい、「バッ

② 両手で車のハンドルを回すイメージで、スイングの基本を覚える

✕ ③ 体を横回転でハンドルを振ってしまうのはNG

トを振るときのように動かしてごらん」と言うと、体を横回転でハンドルを振ってしまう子がほとんどだ（写真③）。今度は「ハンドルを回すように、落下を使って輪っかを回してごらん」と声をかける。ハンドルを回そうとすることで、「上にあるものが下に落下する」という感覚を得やすいのだ。体を横に回してバットを振ろうとするクセを、こうしたところから改善していく。

コースによってトップハンドの握り方が変わる

言うまでもなく、バットを握っているのは手である。だからこそ、手の動きが重要であることを繰り返し解説している。そうなると、忘れてはならないのが、バットの握り方だ。バットをどう握るかによって、手が動かしやすくなることもあれば、逆に制限がかかってしまうこともあるのだ。

指で握るか、あるいは手のひらで握るか。「フィンガーグリップ」「パームグリップ」と言われるが、そこに関しては握りやすいほうを選べばいい。本人のフィーリングがあるので、違和感があるほうで握っても、スムーズにバットを振れなくなるだろう。

大事なのは、そこではない。重要なのは、「構えの時点で、トップハンドを握りすぎない」ということだ（写真①）。私は、インコースかアウトコースかによって、バットの握り方が微妙に変わると考えている。どちらでも対応できるように、緩めに握っておいて、投球のコースに合わせて握り替える。0・4秒の世界なので瞬時の反応ではあるが、最初からガチッと握っていてはこれができない。テニスでもフォアハンドとバックハンドではグリップが変わるもので、バッティングもそうあるべきだと思う。

特に難しいのが、インハイの対応だ。あらゆるコースの中でミートポイントをピッチャー寄りに置かなければいけないため、体の内側から素早く手を通し、バットの面を向ける必要がある。5本指で強く握りすぎていたら反応が遅れるうえに、手首の動きに制限がかかってしまう。私の場合は親指と小指を外して、人差し指、中指、薬指で軽く持つようにしていた（写真②）。このほうが、トップハンドとバッ

✖ ① 構えの時点で、トップハンドを握りすぎてはいけない

② 親指と小指を外して、人差し指、中指、薬指で軽く持つようにする

③ 人差し指、中指、薬指で持つと、体の内側からバットを出しやすくなる

トの角度を鋭角にできるため、体の内側から手を出しやすくなるのだ（写真③）。トップハンドとバットの角度が開いてしまえば、体の内側に手を通すことは絶対にできない。

　小さいうちから、どのコースにボールがきても、素早く反応できる練習をしておいてほしい。私がおすすめするのは、指だけでバットを自在に操るトレーニングだ。薬指と小指を強く握ることでバットのヘッドが立ったり（写真④）、握りを緩めることでバットをクルリと回したり、空いた時間や狭いスペースでも簡単に取り組めることだ。打ちたい気持ちが出すぎると、ついつ

④ 薬指と小指を強く握ることで、バットのヘッドが立つ

い強く握りたくなるものだが、結果的に手の動きを制限することになる。

ヒッチを入れる大きなメリット

多くのメジャーリーガーの特徴に、「ヒッチ」がある。グリップを上下に動かしながらトップに入り、スイングを仕掛けてくる。簡単に言えば、バットを振り出す前の予備動作だ。日本では「NG」とされることが多いが、私からすると「なぜ?」と疑問に思う。おそらくは、ヒッチを入れることで振り出しのタイミングが遅れることを嫌っているのだろうが、むしろ予備動作を入れなければ、タイミングが取れないのではないだろうか。

現役時代、アメリカのコーチに盛んに言われたのが「バッティングはリズムとタイミング」という教えだ。ここまで説明してきたバット軌道や手の使い方ももちろん大事だが、バッティングはピッチャーのフォームにタイミングを合わせて、前からくるボールとの間合いを計りながら、スイングしなければいけない。どれだけ素晴らしいスイングをしていても、このタイミングがずれてしまうと、何もならないことになる。

タイミングを取る方法として、「ピッチャーが動き出したら、バッターも動き出す」という考え方がある。しかし、これでは遅いのではないだろうか。私の考えは、「ピッチャーが動き出すよりも先に動いておく」。アメリカのバッターは、構えの時点で忙しなく動く。日本のように、スッと自然体で立っている選手はほとんどいない。前足で小刻みに地面を踏んだり、バットを握る手をグーパーさせたり、体のどこかを意図的に動かしている。「静から動」よりは「動から動」のほうが、体の反応が速いはずだ。

そして、ピッチャーが動き出したところに合わせて、ヒッチを入れる。若い頃、ランディ・バースの打ち方が大好きで真似していたのだが、バースの場合は前足を上げるときにグリップを下げて、前足を踏み込んだときにグリップがフワッと上がる。ヒッチを入れることで、上と下のタイミングをうまく作っていた。バリー・ボンズの打ち方を思い出してみても、グリップを一旦下げてから、上げる局面がある。

ヒッチを意識的に入れている選手もいれば、子どものころから無意識に入ってい るバッターもいるだろう。アメリカでは「ヒッチが悪い」という考え方は一切ない ので、メジャーリーガーに「なんでヒッチを入れるんですか？」と聞いても、当た り前すぎる話なので、うまく答えられないかもしれない。

私も気づいたときには、いつしか自然にヒッチが入るようになっていた。最初の 話に戻るが、ヒッチを入れることによって、「重力を生かして、トップからバット を落とす」という動きがやりやすくなる。しかも、上げたグリップを落下させるこ とで、加速を入れやすい。インパクトで力を出すために、このテクニックを使わな い手はないだろう。単純にバットを落としたときよりも、パワーとスピードを加え ることができるはずだ。

「筋肉＝水袋」というメジャーリーガーの発想

ヒッチに関して、アメリカでプレーしていたときに「そんな考えがあるのか」と驚いたことがある。インパクトで力を加えるためにヒッチを入れることは、私も感覚的にわかっていたのだが、もっと深い考えを持っていた。

「体の重さをすべてバットにぶつけろ」

メジャーリーガーの強打者が使うバットは、890グラム前後のトップバランスが多い。誰が使おうとも、バット自体の質量が変わることはない。しかし、腕の重さが1キロの選手と2キロの選手が同じバットを同じスイングスピードで扱えれば、2キロの選手のほうが打球は飛ぶことになる。バットの重さを変えることはできないが、体の重さを変えることはできるのだ。だからこそ、外国人はウエイトトレーニングに力を入れて、筋肉量を増やして、体重を増やす努力をする。丸太のような腕をした選手が、2Aや3Aにもゴロゴロいるのだ。

アメリカで聞いたのは、「筋肉＝水袋」という考え方だ。最近流行りのトレーニンググッズに、ウォーターバックがある。サンドバックのような円柱形のバックに水を6～7割入れると、動きのたびに水が揺れて、体に負荷がかかるという原理だ。

バットを持つ腕の筋肉を、ウォーターバックだと考えると面白い。グリップを下げて上げたときには、筋肉の中に入っている水がブワッと上がり、そこからスイングを仕掛ければ、水の重さをすべてインパクトにぶつけることができる。

だからこそ、同じ技術を持っているのなら、体が大きい選手のほうが有利。飛距離が出るのは当たり前のことなのだ。大谷選手がメジャーに行ってから、体重を増やす取り組みをしていて、腕回りの太さは日本時代とは比べものにならないほど発達している。ピッチングにどう影響するかはわからないところだが、バッティングだけを考えれば、目指すべき方向性は間違っていない。

なお、日本の高校生が使う金属バットはミドルバランスが多い。ホームランを追求していくのであれば、早い時期から木製のトップバランスを使うべきだ。ヘッドが重たいバットを、どのようにして扱っていくか。うまく使えるようになれば、ブンブン振り回さなくても打球が飛ぶ感覚をつかめるはずだ。

キャッチャーを後ろに下げるフォロースルー

重力と遠心力を生かして、バットを縦に振れるようになってくると、必然的にフォロースローが大きくなっていく。自分の背中を叩くようなフォロースルーは、ホームランバッターの特徴と言っていいだろう。

気をつけてほしいのは、無理に「両手フィニッシュ」にこだわる必要はない、ということだ。「両手のほうが飛距離が出る」と勘違いされることもあるが、フォロースルーはボールをとらえたあとの話なので、片手でも両手でも変わりはない。両手フィニッシュは首やわき腹、腰が必要以上にねじられることになり、体を痛めるリスクがある。特にホームランバッターほど要注意だ。

豪快なフォロースルーを取る吉田選手は、プロ入り後に何度か腰を痛めて、2017年には腰の手術をしている。手術前は両手フィニッシュだったが、腰痛を発症してからは片手フィニッシュに変えた。インパクトのあとには、スイングによって体にかかる負荷を、最終的には逃がしてやらなければいけない。強い出力によって生まれたエネルギーをどう逃がすか。これも、バッティングに必要なテクニックだ。スイングで腰を痛める選手は結構多いが、もし両手フィニッシュを取っているのなら、片手にしてみるのもひとつの対処法となる。

　出力を逃がすためには、前足の使い方にもポイントがある。「足がめくれてはいけない」と思いすぎて、インパクトのあとにも足の裏で何とか踏ん張ろうとするバッターがいる。これは、回転を無理に止める動きとなり、腰やわき腹を痛めることにつながる。ボールをとらえたあとは、前足のつまさきを上げて、力を開放する（写真①）。この動きができると、フォロースルーがより大きくなり、キャッチャーを叩くようなフォローになる。

① ボールをとらえたあとは、前足のつまさきを上げて力を開放する

根鈴道場に通う選手には、「フィニッシュでスイカ割りをしなさい」「キャッチャーを後ろに下げさせるフォローを取りなさい」と教えている。リストが自然に返ってくる腕の使い方ができれば、頭の上にまで上がってきたバットを「ドン！」と落下させるフォロースローが取れる（写真②）。これができると、キャッチャーは怖さを感じて、少し下がって座るようになるのだ。ウラディミール・バレンティンやアルフレド・デスパイネが打席に入ると、キャッチャーはほかのバッターよりも距離を取っているだろう。こうなると、ピッチャーが投げるときの距離感が変わり、盗塁の際にキャッチャーが送球する距離も長くなる。攻撃側に有利に働きやすくなるのだ。

② リストが自然に返ってくる腕の使い方ができれば、
正しいフォロースローが取れる

メジャーリーガーは究極の手打ち

ここまでずっと、上半身の使い方を解説してきた。そろそろ、「下半身はどう使うの？」と気になる人が出てくる頃だろう。

下半身の考え方は、非常にシンプルだ。可能なかぎり目線をぶらさず、小さい体重移動でボールをとらえにいく。どれだけ正確に、バットの芯でとらえることができるか。マーク・マグワイアにしても、バリー・ボンズにしても、無駄な動きがほとんどなく、非常にコンパクトにスイングしていたのが印象深い。

もし、バッティングが飛距離を競うルールで、１００メートルなら1点、１１０メートルなら2点、１２０メートルなら3点と加算されていくのなら、前足を上げて、反動を使って打っていたかもしれない。でも、現状はそうではない。95メートルのホームランも、１３０メートルのホームランも得点数に変わりはない。

私はメジャーリーガーの打ち方は、「究極の手打ち」だと思っている。手をどのようにして使うか。これまで何度も説明してきた技術だ。ホームランバッターは、座った状態でのスタンドティーで、外野スタンドに余裕で放り込む。私も全盛期はぶち込むことができた。こうなると、下半身の役割は、上半身の動きを安定させるための土台であり、体重を大きく移動させる必要がなくなってくるのだ。もちろん、それだけのフィジカルを作り上げていることは書き添えておく。

正直、足の上げ方やタイミングの取り方は、日本のほうが幅の広さがあると感じる。古くは王貞治さん、今であれば山田哲人選手や山川穂高選手が前足を大きく上げてタイミングを取るが、アメリカでは「ビッグレッグキック」と呼ばれる技術だ。アメリカ人にしてみれば、「よくあんなに足を上げて、タイミングが取れるな。どういう仕組みなんだ?」と首をひねりたくなる。指導できるコーチもほとんどいないだろう。

そもそも体重が重くて、筋肉量もあるので、前足をしっかりと踏み込めば強い地面反力を得ることができる。ボールに向かって踏み込むことは徹底されていて、かつての落合博満さんのようにアウトステップするホームラン打者はいない。おそらく、「力が逃げる」と思われているのだろう。

体重移動なくしてボールを飛ばすことはできない

下半身のポイントを、順を追って説明していきたい。アメリカでは「構え方」を指導するコーチに出会ったことはないが、当たり前のものとして子どもの頃から実践されているのが、「かかと荷重にならない」ということだ。かかとに体重が乗ってしまうと、アウトコースにバットが届かず、そもそもインパクトで力を加えることができない。

足の裏の前側に体重を感じながら構え、前足を踏み込むことができるか。さきほど、「アメリカのバッターは構えの時点から忙しない」と書いたが、グリップでリズムを取ったり、足を小刻みに動かしたりしていると、自然と前側に体重が乗るようになる。テニスプレーヤーが、相手のサーブを待つときに小刻みに揺れている感覚と同じだ。ボールに対して準備をしようとすれば、かかと荷重にはなっていかない。だからこそ、構えの段階での予備動作が重要になる。

日本人に比べると、体重移動の幅は小さいが、それでも移動はしている。後ろから前への移動があってこそ、インパクトで強いパワーをぶつけることができるのだ。これは日本でもアメリカでも同じ考えである。サミー・ソーサが活躍していた頃、日本の識者が「メジャーリーガーは軸足回転打法」と語っていた記憶があるが、そんなバカな話はない。移動の幅の大小はあるにせよ、必ずボールに向かって、体重を移動させている。

ここで注意すべきは、前足を踏み出したときに、頭が前足側に動いていかないことだ。頭は股間の上、もしくは軸足側に置いておく。頭がずれてしまえば、バッテリー間の18・44メートルの距離を自ら縮めることになり、バッターゾーンで勝負できなくなってしまう。このあたりの体の使い方は、178ページのドリルで身につけることができるので、ぜひ参考にしてほしい。

地面反力を最大限に活用する

出力を高めるために、最重要となるのが前足の着地だ。前足の母指球から探るようにして接地したあと、かかとを踏み込むことによって地面反力を生み出すことができる。このとき、前ヒザに遊びがないと、かかとの踏み込みが弱くなる。ヒザが緩んでいるから、「ドン！」と強く踏むことができるのだ。バッティングと同じ横向きの状態から、メディシンボールを遠くに投げるときの体の使い方を思い出してほしい。ステップする前足のヒザを緩めながら接地して、投げる動作に合わせてヒザを伸ばすはずだ。バッティングのインパクトにもこの感覚がほしい。

ただし、強く「ドン！」と着くことがクセになると、緩急に脆さが生まれやすい。

今どきの若者はゲームが大好きなので、ゲームにたとえてこんな話をする。

「コントローラーのボタンにたとえれば、このボタンを押した瞬間にスイングが始まる。でも、〝半押し〟という機能もあるだろう。かかとを踏む準備をしながらも、半押しで見逃す。これができないと、ボールになる変化球に手を出すことになる」

そして、かかとを踏み込む瞬間には、ほんのわずかではあるが、上と下でズレを作る。下半身は打ちにいくが、上半身の前肩とグリップがまだ残っている状態だ。これが1枚の板のように一緒に回ってしまうと、捻転の力を使えなくなってしまう。

当然のことながら、着地での地面反力が強いほど、インパクトにかかる圧も高まっていく。物理の法則で考えれば、体重が重いバッターのほうが強さを発揮できるのは当たり前のことだ。たとえば、ヤンキースのジャンカルロ・スタントンは198センチ111キロという恐ろしい体格だが、アメリカではこのぐらいの選手がゴロゴロいる。えげつない打球が飛ぶのもわかる。

よく言われる話だが、アメリカのグラウンドのほうがバッターボックスの土が粘着質で固い。それだけ地面反力を得やすいのだ。たとえば、高いところからジャンプするとき、ふわふわのマットの上に着地するよりは、コンクリートの上に着地したほうが地面からの跳ね返りは強いだろう。日本人のピッチャーが、アメリカのマウンドの固さに苦労する記事が渡米のたびに出ているが、土の質が日本とはまったく違う。この土をいかにして、自分のパフォーマンスにつなげていけるか。アメリカで活躍するには、環境への適応が絶対に欠かせない。

着地の際、つまさきを閉じてしまうと、体が回り切らなくなる（写真①）ので、45度程度に開いておくのがベストだ（写真②）。固いグラウンドになると、なおのこと回りにくく、腰を痛める原因にもなりかねない。45度でステップしたほうが、さきほど紹介したつまさきを上げたフォロースルーも取りやすくなる。

地面反力の理想としては、かかとで

✖ ① 着地の際、つまさきを閉じてしまうと、体が回り切らなくなる

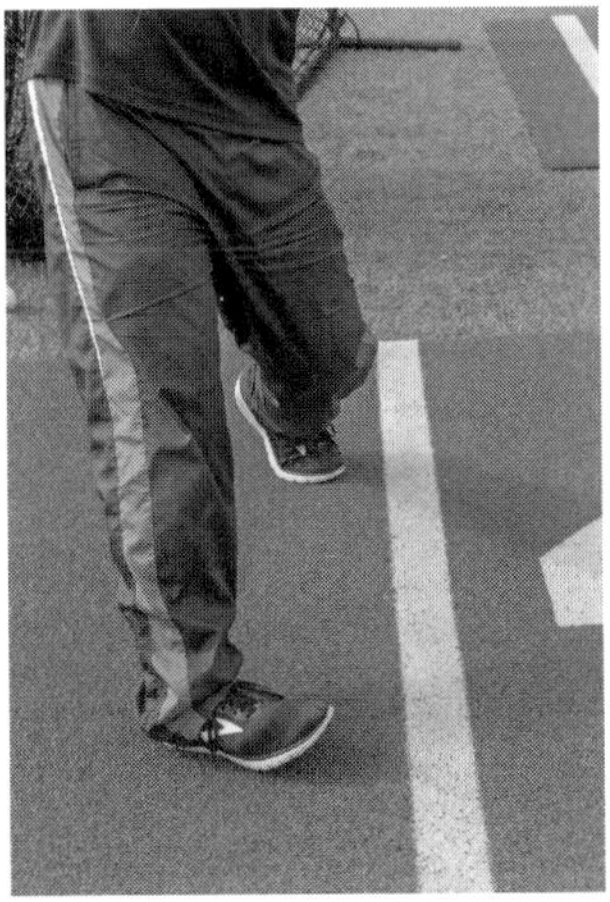

② つまさきは、45度程度に開いておくのがベスト

強く踏み込んだあと、キャッチャー方向に跳ね返ってくるような強さがほしい（写真③）。「踏み込み足の蹴り戻し」と表現するとわかりやすいだろうか。この力が、体が回転する強さを引き出してくれるのだ。自分の力で体を回そうとするのではなく、地面反力をきっかけにして勝手に回っていく。

「回そう、回そう」としているうちは、強い出力を生み出せない。そもそも、回そうとするバッターは、横にバットを振るイメージを強く持ちすぎているのではないだろうか。

③ かかとで強く踏み込んだあと、キャッチャー方向に跳ね返ってくるような形が理想

軸足の腰を打球方向にぶつける

軸足の使い方に関して、小学生や中学生の「かかとが後ろ（キャッチャー方向）に回ってしまう問題」がある。「かかとが抜ける」とも表現することがあるが、これでは軸足の力を前足にぶつけることができない。

だが、私はさほど気にしていない。かかとの動きだけを見て、本当に大切なことを忘れている場合があるからだ。大切なことは……、軸足側の腰の骨を、力を出したい方向にぶつけることだ（写真①）。センター方向に飛ばしたいのなら、センターに向かってぶつけなければいけない。打ったあと、ピッチャーに向かって軸足でヒザ蹴りするぐらい爆発させて構わない。

この爆発を、軸足だけで何とかしようとするとうまくいかない。前足で得た地面反力があってこその話であることを覚えておいてほしい。イメージとしては、前足はキャッチャー方向、軸足はピッチャー方向に進む力であり、この2つのベクトル

① 軸足側の腰の骨を、力を出したい方向にぶつけることが大切

が合わさることによって強いパワーを作り出すことができるのだ。

大谷選手がアメリカに渡る前、前足を踏み込んだあとに軸足をあえて浮かせて打つ練習をしていた。インパクトの瞬間には、軸足が地面から完全に浮いている状態だ。前足にすべての重さを乗せ切る。あれこそ、体重移動と地面反力によってボールを飛ばしている証である。実際の試合で軸足が完全に浮くことは稀だが、ホームランバッターのインパクトを見ると、軸足はつまさき立ちになっていることが多い。倒れないように体を支えているだけの役割で、体重は前足に移っていることになる。

少し解説が長くなってしまったが、ここまでがメジャーリーグでホームランを打つための理論理屈となる。この技術を身につけるためにはどうしたらいいのか。根鈴道場で実践しているドリルの数々を、次の２章でたっぷりと紹介していきたい。

第２章

ホームランを打つための
ドリル

「正確性」と「再現性」を身につけるドリル

ＭＬＢでホームランを打つための理論を頭に入れてもらったうえで、第2章ではドリルの解説に入っていきたい。写真だけでは動きが伝わらない可能性もあるため、動画でも細かいポイントを語っている。本章の解説とともに、動画のほうもぜひご覧になっていただきたい。

先に、ドリル全体の狙いを説明すると、キーワードになるのが「正確性」と「再現性」だ。同じ動きを、何度も同じように繰り返す。スタンドティーを基本として、形が身についてきたら、正面からのティーバッティングに移行していく。まずは、止まっているボールに対して、自分がイメージしたとおりの打球を打てるかどうか。バットの芯で、ボールの芯を正確に打ち抜いていくことが、非常に重要になる。

日本の練習を見ていると、「正確性」と「再現性」を求めるドリルが少ないように感じる。連続ティーやロングティーで、一点での出力を上げる練習が多い。決して否定するわけではないが、それだけではホームランにつながる技術は身についていかない。「強く打ちたい」「ボールを遠くに飛ばしたい」と思うのであれば、その土台となる「正確性」と「再現性」を追求していく必要があるのだ。

最終的にはバリー・ボンズのようにセカンドフライを打つイメージで、外野スタンドに放り込んでほしい。「バットの芯に当たればホームラン」という、究極のレベルだ。

バッティングは、ゴルフにたとえるとドライバーで遠くに飛ばすイメージを持つかもしれないが、本当に高いレベルで打とうと思えば、その考えだけでは本数を稼げない。ドライバーを振り回すのではなく、サンドウェッジでグリーンの近くに「ポーン」と寄せていく。最後に目指すべきステージはここになる（当然、体の強さは必要ではあるが）。これから紹介するドリルには、最終目標にたどりつくための技術が詰まっている。

バッティングドリル

ドリル1
ボトムハンド（スタンドティー座りキャッチ&スロー／高め）

［やり方］

イスやボール缶の上に座り、前足の股関節の延長線上にボールがくるようにスタンドティーをセット。高さは、構えたときの前ヒジの高さ（＝胸の高さ）が目安になる。前足を45度ほど開き、オープンスタンスで構える。軸足をバッターボックスのラインに対して直角に入れ、前足のつまさきをショート方向（右バッターはセカンド方向）に開いておく。この体勢から、ボトムハンドを使って、ティー台に置いたボールをキャッチ&スローする（左ページ写真）。

根鈴
SINCE 2017

根鈴
SINCE 2017

根鈴
SINCE 2017

［狙い］

もっとも窮屈な高めを打つためには、ボトムハンドをどのように使えばいいか。バットを持たずに、手でキャッチすることから学んでいく。イスに座ることによって、手の動きだけに意識を向ける狙いがある。

ポイント1 「裏拳」ではなく「逆シングルキャッチ」

想定はインハイのストレート。手（グリップ）がボールよりも上になければ、バットの芯でとらえることができないコースだ。この〝窮屈なコース〟に対応できる技術が身につけば、真ん中にもアウトコースにも、放射線状にバットの芯を出すことが可能になる。

ボトムハンドでボールをつかみにいくと、日本的な考えでは、〝裏拳〟を打つように手の甲をぶつけていこうとする。これは、第1章で何度も説明したとおり、「ロールオーバー」を誘発する動きであり、これではボールを捕ることは絶対にできない。捕ろうと思えば、前側の脇を開けて、腕を内旋させる動きが必要になる。

こうすることで、手のひらがボールに向き、「逆シングル捕球」に似た形が作られる（写真①）。ボールが体から離れていけばいくほど、前脇の開き具合は小さくなり、アウトローをとらえるときには、前肩の付け根からバットまでが一直線に並ぶようになる。

このとき、手だけで腕を内旋させようとすると、どうしても窮屈になってしまう。人によっては、肩が詰まる感じがあるのではないか。肩甲骨周りの柔軟性がなければ、スムーズに動かすことはできない。２０８

① 手のひらがボールに向き、「逆シングル捕球」に似た形を作る

ページで、長い棒を使った肩甲骨のストレッチを紹介しているので、こちらもあわせて確認してほしい。

ポイント❷ 力のベクトルを合わせる

キャッチしたあとは、ボトムハンドのヒジを伸ばして、左バッターであればショート、右バッターはセカンド方向にボールを投げる（写真②）。前足のつまさきとヒザの角度と、ボールを投げる方向性が合っていれば、ボトムハンドを正しく使えていることになる。これは、「力のベクトルを合わせる」と表現することができる。

キャッチで終わらず、あえてボールを投げるのは、力のベクトルを覚えるためだ。このときに、前のヒジが一塁側に逃げたり、体を早く回したり、上体をあおったりすると、左バッターの場合はセンターからセカンド方向にボールが飛びやすい。いわゆる、「引っかけた打球」になるということだ。

手の動きは、「自分の視野の範囲内で動かす」と思ったほうがいい。ボトムハンドの動きだけをわかりやすく取り出すと、手を胸に当てた状態から、飛ばしたい方向にヒジを伸ばすだけ（写真③）。この動きであれば、自分の目で確認できるだろう。実際にはここに下半身の回転が加わるため、フォロースルーまでいくと、自分の視野からボトムハンドが消えていくのだが、イスに座った練習ではそれはＮＧになる。

このような基礎的な練習の段階で、ボトムハンドが背中の後ろにまで回るクセがつくと、前肩の開きが早くなり、顔が飛び、インパクトを目でとらえられない原因にもなってしまう。これでは、「スルーザボール」

② 左バッターであればショート、右バッターはセカンド方向にボールを投げる

▼

③ 手を胸に当てた状態から、飛ばしたい方向にヒジを伸ばす

も「ビハインドザボール」も実践することができない。

とにかく、顔が飛ぶことだけは絶対に避けたい。目が動くということは、それだけミートポイントにズレが生まれることになる。このキャッチの練習で、顔から下の胴体だけが動く感覚をつかんでほしい。

ドリル
2

ボトムハンド（スタンドティー座りスイング／高め）

［やり方］

スタンドティーの位置はそのままにして、今度はバットを使ってボトムハンドでショート方向にボールを飛ばす（左ページ写真）。はじめは子ども用の短いバット（約60センチ）で腕の動きを覚え、動作をつかんできたあとに通常のバット（約83センチ）で同じ動きを実践する。

［狙い］

ボトムハンドの腕の使い方を覚える。バットの長さがある分、ドリル1の「キャッチ&スロー」よりも難易度が増す。根鈴道場では、ある程度の技術を持っている選手に対しては、このドリル2から始めていくことが多い。

根
鈴

ポイント❶ バットの面を長く見せる

まずは、バットの持ち方から。写真①のように、グリップの根元を持ち、人差し指をバットに添わせるようにして軽く握る。実際に握ってもらうとわかると思うが、この握りをすると手首の可動域が制限され、手首を使いにくい状態になる。あえて、「ロールオーバー」ができない状態を作っておく。

狙うのは、ボールキャッチ&スローと同じく、左バッターであればショートの方向だ。ドリル1の逆シングルキャッチのイメージを持ちながら、ボールに対してバットの面を長く見せて入っていく。インパクトの瞬間は、前腕とバットが一直線になる。ボールをとらえたあとには、ショート方向にヒジを伸ばす（写真②）。動作としてはこれだけで終わりだ。自分の目で打球の行方をしっかりと見て、顔が飛ばないように注意しておきたい。

短バットで形を作れるようになったら、大人用バットで同じ動作を行う。バットを握る位置は、おおよそ半分のところ。つまりは、手からグリップエンドまで40セ

① グリップの根元を持ち、人差し指をバットに添わせるようにして軽く握る

② ボールをとらえたあと、ショート方向にヒジを伸ばす

ンチ近い長さができることになる。

振り出すときに、ボトムハンドが体から離れていくと、グリップエンドがボールにコツンとぶつかり、スタンドティーのボールが落ちてしまう（写真③）。グリップエンドをボールに当てないようにするには、体の近くからボトムハンドを使っていくしかない。「グリップエンドをぶつけるように打つ」という感覚が強い選手は、この練習でクセを取り除いていく。

ポイント❷ 鞘から刀を抜くイメージを持つ

道場に来る選手に、こんな質問をすることがある。

「腰のところに刀を入れた鞘（刀を収める筒状の覆い）があるとする。ボトムハンドを使って、この刀でスタンドティーのボールを打つとしたら、どうやって刀を抜く？」

鞘の方向のとおりに、刀を引き抜いていかなければ、鞘の中で刀がガチャンガチャンと当たってしまうだろう。ここで伝えたいのは、「力の方向性を一致させる」

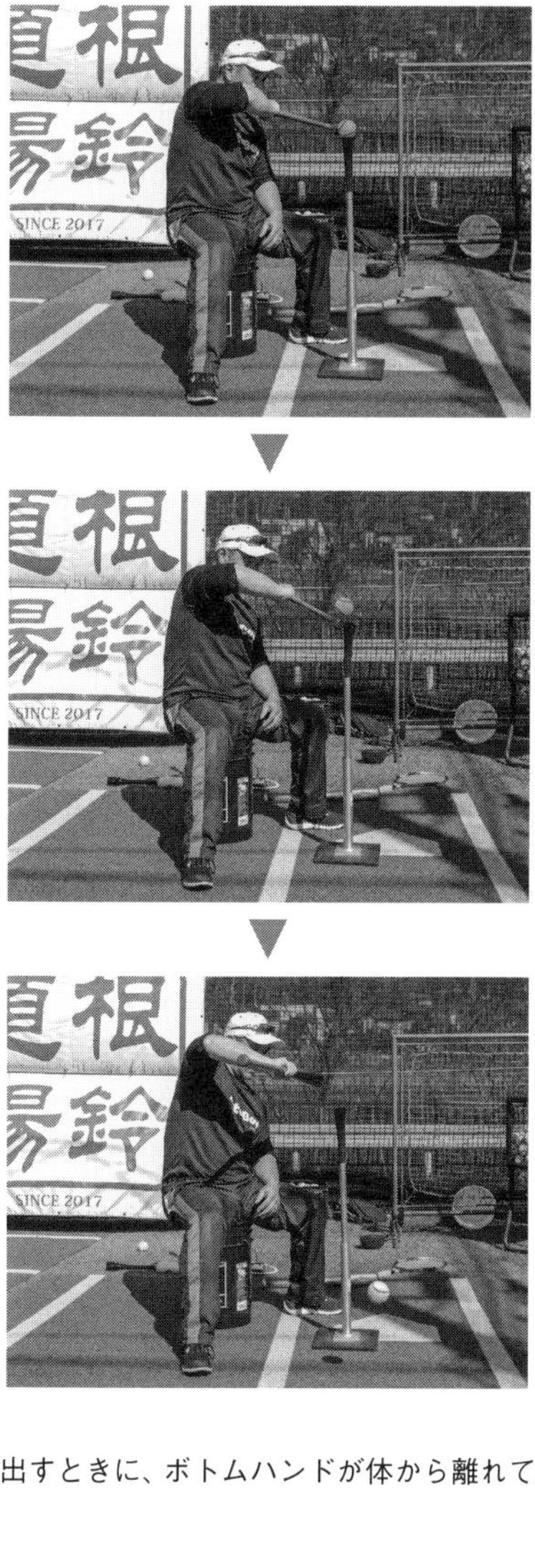

✖ ③ 振り出すときに、ボトムハンドが体から離れていくのはNG

ということだ。鞘がピッチャー方向に向いているのだとしたら、ボトムハンドもピッチャーの方向に向けていく（写真④）。ピッチャー方向に刀を抜きたいのに、前の肩が先に開くと、力の方向性がずれることになる。

これと同じことを、バッティングでもイメージしてほしい。ピッチャーが投じるボールに向かって、ボトムハンドとバットの方向性を一致させる。これができるようになれば、必然的に体の近くから手を使えるようになっていく。

ポイント❸ ねじりを生み出す

このあとにも座りのドリルが続いていくが、ひとつ注意点がある。最初に座った体勢からヘソの向きは変えずに、上半身だけを捻って、トップハンドやボトムハンドを使ってほしい。最初に何の知識もない子どもたちがやると、尻まで一緒に回してしまうのだが、こうなると「捻転」の力を一切使えず、ただ1枚の板が回っているだけになる（写真⑤）。下を止めて、上体を捻ることによって、捻り戻しのパワーが生まれ、それがバットスイングの加速につながっていくのだ。上体を捻るには、

④ 鞘から刀を抜くイメージで、ボトムハンドをピッチャーの方向に向けていく

✖ ⑤ ただ１枚の板が回っているだけの動きはNG

胸郭や胸椎の柔らかさが必要になってくる。

さらには、上を捻りながらも頭の位置は変えないこともポイントになる。手の使い方だけでなく、バッティングに必要な体のねじりを習得してほしい。

ドリル3

トップハンド（ボール乗せパームアップ／高め）

［やり方］

イスやボール缶の上に座り、トップハンドの手のひらにボールを乗せたまま、トップからフォローまでボールを落とさずに持っていく（左ページ写真）。パームアップの状態で、インパクトゾーンを長く通過することがポイントになる。足のスタンスは、ボトムハンドのドリルと同じ。

［狙い］

トップハンドのもっとも重要な技術となるパームアップを習得する。リストを返すクセが強い選手の改善ドリルとしてもおすすめ。

ポイント❶ インパクトゾーン＝パームアップ

「スタンドティーに乗せたボールを、トップハンドでキャッチするとしたらどのように手を使う？」

小学生や中学生を教えるときには、こんな話から入っていく。

9割以上の子が、手のひらをそのままボールに見せながら、キャッチしようとする。おそらく、これ以外のイメージが湧かないのだろう。ただ、この使い方をすると、ボールをキャッチしたあとには手のひらが下を向き、「ロールオーバー」の動きにつながりやすい（写真①）。インパクトの一瞬でしか、バットの面がボールに向かなくなり、芯でとらえる確率が低くなってしまう。

私が理想とするのは、第1章で何度も紹介したパームアップだ。ボールが当たる可能性のあるインパクトゾーンではできるかぎり、手のひらを上に向けておく。それによって、バットの面がボールに向き続けるため、芯でとらえる確率が上がるという理屈だ。この技術こそ、バットの芯で的確にとらえるための最重要ポイントだ

✕ ① 手のひらをボールに見せながらキャッチすると、
「ロールオーバー」につながりやすい

と位置づけている。

スタンドティーのボールをキャッチするとしたら、ボールの下をすくい捕るようにして、手のひらを上に向けたまま、インパクトゾーンを通過させる（写真②）。実際、手のひらを上に向けたままではボールをキャッチできないので、あくまでもイメージの動きとしてとらえてほしい。

ポイント❷ 頬をこするぐらいの近さで手を使う

ドリルを実践する際には、手でボールをつかまずに、手のひらにボールを乗せたまま行うこと。ボールが転がり落ちてしまえば、パームアップが不十分ということになる。

手のひらを上に向けて、お盆を持ったような体勢を作ったあと、体の近くからトップハンドを使い、インパクトからフォローまで持っていく。ボトムハンドのドリルと同様に、飛ばしたい方向にヒジを伸ばすところがゴールとなる。フォロースルーでは、広背筋が攣りそうになるぐらい背中を使えていれば、いい動きと思ってい

② 手のひらを上に向けたまま、インパクトゾーンを通過させるイメージで

い（写真③）。

パームアップの話をすると、「ボクシングのアッパーパンチですね」と解釈する人もいるのだが、アッパーとはまた違う動きだ。手のひらに乗せたボールが、左バッターの私であれば、左の頬をこするぐらい近いところからトップハンドを使っていきたいのだ（写真④）。

顔の位置も重要になる。写真③を見ると、「ビハインドザボール」の形が取れているのがわかるだろうか。日本的に言えば、「顔が残っている」。お盆持ちのパームアップから、このフィニッシュの形を目指して、繰り返し練習してほしい。実際にボールを打つわけではないので、家でも実践できるはずだ。

ポイント❸ 左サイドと右サイドは別の生き物

もう一度、フィニッシュの写真③を見てほしい。前の肩が開かずに、トップハンドとボトムハンドが体の前でクロスしているのがわかるはずだ。ここも大きなポイントとなる。

③ フォロースルーでは、広背筋が攣りそうになるぐらい背中を使えているとベスト

④ 頬をこするぐらい近いところからトップハンドを使っていく

これは、スナップスロー時の体の使い方にも通じるところがある。左利きのファーストが3－6－3のダブルプレーを取ろうとしたとき、やや横からのスナップスローでショートに送球する。このときのボールを投げる手が、バッティングのトップハンドだとしたら、グラブハンドがボトムハンドになる。グラブハンドが体の外に逃げると、体が開き、送球がシュート回転しやすくなるため、うまいファーストほど体の中心にグラブを持ってくる。利き手とグラブハンドが、体の中心にグッと近づいてくることによって、力を発揮しやすくなるのだ。

バッティングも同じだ。前の肩が早く開けば、右サイドと左サイドが一緒に回ってしまうことになり、力が外に逃げていく。私の感覚としては、右サイドと左サイドは別の生き物として使い、左サイド（＝トップハンド）が動き出しても、右サイドは反応しないように我慢をしておく。わかりやすく言えば、左サイドはピッチャー方向、右サイドはキャッチャー方向と、動きが逆になるイメージだ（写真⑤）。どれだけパームアップを意識しようとも、前の肩が先に開いてしまえば意味がなくなってしまう。

⑤ 左サイドは投手方向、右サイドは捕手方向と、
動きが逆になるイメージで

どうしても、「遠くに飛ばしたい」「強く打ちたい」と思うと、体を大きく使って、体を回そうとしがちだ（写真⑥）。その気持ちもわかるのだが、再現性や正確性を高めていくには、動きをできるだけ小さくしていきたい。最終的には小さな動きの中で、大きなパワーを生み出すのが理想となる。

✖ ⑥ 体を大きく使って、体を回そうとするのはNG

ドリル4

トップハンド（スタンドティー座りスイング／高め）

［やり方］

座った状態のまま、子ども用の短バットを使ってトップハンドでショート方向に打ち返す（左ページ写真）。スタンドティーは前足股関節の延長線上＆胸の高さにセットする。足のスタンスは45度程度に開いておく。短バットで慣れてきたあとは、大人用バットで同様の動きを行う。

［狙い］

ドリル3のパームアップの動きを、バットを振る中でも実践していく。グリップと後ろ肩を、ボールよりも上に置くことによって、バットを縦に振る感覚を身につけていく。「正しいアッパースイング」の習得につながるドリルとなる。

ポイント❶ リストターンのクセをなくす

ボールをとらえるときにパームアップができていても、そこから先の局面でヘッドを返してしまう選手が多い。自然に返る動きまでは否定しないが、意識的に返す動きであれば、できるだけ早いうちに改善しておきたい。クセがついてしまうと、なかなか抜け切れない動きになってしまうからだ。

このドリルでも、ヒジを伸ばしたときに手の甲が上を向いてしまう選手がいる（写真①）。飛ばしたい方向にヒジを伸ばすところまでは、パームアップをキープしておくこと（写真②）。インパクトゾーンを抜けるまでは、手のひらは上。止まっているボールだからこそ、やるべき動作をしっかりと実践できるようにしたい。

ポイント❷ インパクトの瞬間には力を入れない

リストを意図的に返す目的は、インパクトでヘッドスピードを高めるためだと推測する。しかし、ピッチャーが本気で投げてくる球を、リストを返す瞬間にとらえ

✖ ① ヒジを伸ばしたときに手の甲が上を向いてしまうのはNG

② 飛ばしたい方向にヒジを伸ばすまでは、パームアップをキープする

るのは難易度が高い。バットの面を長く見せることができれば、ストレートに多少差されても、変化球に泳がされても、芯でとらえる確率を上げることができる。それが、私の考えるバッティングである。

だから、インパクトの一点で力を込めるイメージは持っていない。「インパクトの瞬間に、グリップを強く握る」という考えを聞くが、「ここで打ちたい！」という理想があったとしても、実際にはミートポイントがずれるものだ。ズレがあるものだと思ってバッティングを考えたほうが、芯でとらえる確率が上がるのではないだろうか。

私は、腕が伸び切ったところでグリップを強く握るように指導している。いわば、ここがバッティングのゴール。ゴールで力を入れることで、そこに至るまでのインパクトゾーンを速く振れると考えている。大事なことは、インパクトゾーンのスイングを速くすることであって、自分が理想とするインパクトの一点だけを速くすることではない。

また、そもそも論として、手でバットに加えられる力などたいしたものではない。

リストを返してパチンと打ったところで、手首の力は微々たるものだ。筋肉を水袋のように使うことや、地面反力を最大限に生かすことのほうが、よっぽど大事だと考えたほうがいいだろう。

ポイント③ ゴムの力で逆の動きを体感する

左サイドと右サイドを「別の生き物」として動かすことは、ここでも重要事項となる。手のひらにボールを乗せたときにはうまくできていても、「バットでボールを打つ」という意識が入ることによって、前の肩が開き、顔が飛んでしまう選手がいる。

このとき、矯正方法のひとつとして使うのがゴムバンドだ。キャッチャー側のネットからゴムを引っ張り、バッターはボトムハンドでゴムをつかむ。腰のあたりでゴムをつかんだままスイングに入ると、ゴムの張力によってトップハンドとボトムハンドが逆の動きになることが体感しやすくなる（写真③）。

③ ゴムの張力で、トップハンドとボトムハンドが
逆の動きになることを体感しやすくなる

ポイント④ 重力の落下をスイングに生かす

短バットで動きを習得したあとには、大人用バットを使う。ボトムハンドのドリルと同様に、ここでもバットの半分ぐらいのところを持つ。つまりは、グリップの部分が長くなる、ということだ。トップからの振り出しで手が体から離れていくと、グリップエンドがボールにぶつかってしまうことが体感できる（写真④）。当たらないようにするには、グリップの握りを緩めて、手を体の近くから通していくしかない（写真⑤）。

もうひとつ、ここで確認しておきたいのが、重力を生かしてバットのヘッドを落下させることだ。手首を使わなくても、重力に乗せていくだけでヘッドが走る感覚を身につけてほしい。そのためにも、手はボールよりも上になければいけない（写真⑥）。手がボールと同じ高さになった時点で、バットの芯はボールよりも下から出てくることになり、重力を生かしたスイングではなくなってしまう。

⑤ グリップの握りを緩めて、手を体の近くから通していくのが正しい

✕ ④ トップからの振り出しで手が体から離れていくのはNG

⑥ 重力だけでヘッドが走る感覚を身につけるには、手はボールよりも上にないといけない

ポイント⑤　ボールの上を見ておく

トップハンドのドリルのときに、後ろ肩が下がり、顔がもぐる（首が寝る）選手がいる（写真⑦）。後ろの手で打球に角度をつけたいと思いすぎることが、原因のひとつであろう。

バッティングにおいて、「ボールの見方」は非常に重要なポイントであり、ボー

✕ ⑦ 後ろ肩が下がり、顔がもぐる（首が寝る）のはNG

ルの見方が悪ければ、スイングも崩れていく。アメリカでよく耳にしたのが「ステイトップオンザボール」という考え方だ。「ボールの上を常に見ておきなさい」との意味になる。上を見ておくからこそ、手をボールよりも上に置いておくことができるのだ（写真⑧）。フライを打ちたいと思うと、ボールの下側を見たくなるが、それは間違い。顔がもぐれば、高めのフォーシームに対応できなくなる。スタンドティーを打つ段階から、ボールの上を見ることを意識しておきたい。

⑧ 常にボールの上を見ておくことが大切

ドリル
5

両手（座りスタンドティー／高め）

［やり方］

ボトムハンド、トップハンドのドリルで身につけた技術を、両手でバットを握った中で実践していく。イスへの座り方や足のスタンス、スタンドティーを置く高さは、これまでと同じ。左バッターはショート方向、右バッターはセカンド方向を狙い、インパクトのあとにヒジを伸ばし切ったところがフィニッシュとなる（左ページ写真）。

［ポイント］

ボトムハンドの逆シングル、トップハンドのパームアップに加えて、顔が飛ばないこと、左サイドと右サイドを別の生き物として動かすことなど、これまでのドリ

▼

ルのポイントを再確認する。両手でバットを持つと、ついつい強い打球を飛ばしたくなるが、ここでの目的は「動きの確認」である。強さよりも、正確性と再現性を求めていく。

ポイント1 バスケットボールのチェストパスの要領で

ボールをとらえるインパクトの位置は、ボトムハンドの前腕とバットが一直線になったところ。ここよりも後ろでとらえると、フェアゾーンの90度に入れるのは難しくなる。このインパクトから、ヒジが伸び切るところまでは、トップハンドのパームアップをキープしておきたい。意図的に手首を返さないように注意をする。

肩関節の動きを見ると、構えたときには前の肩が外旋、後ろの肩が内旋していて、インパクトでは前の肩が内旋、後ろの肩が外旋する。子どもたちには「かめはめ波を飛ばせ！」と言うこともある（写真①）のだが、もう「ドラゴンボール世代」ではないのでうまく伝わらないこともあり、少々寂しい。

「かめはめ波」の感覚をつかんでもらうために取り入れているのが、バスケットボ

① かめはめ波を飛ばすイメージで、ボールをとらえる

ールのチェストパスだ。胸にセットしたボールを、相手に向かって投げる。曲げたヒジを、投げたい方向に真っすぐ伸ばすことで、力の方向性が一致する。

この感覚のままバッティングと同様に体を傾けて、ピッチャー方向にバスケットボールを投げてほしいのだ（写真②）。チェストパスではトップハンドの手首が返ってしまうので、パームアップとは少し違う動きになるのだが、飛ばしたい方向に力を加える動きは似ているところがある。投げ終わりで、ボトムハンドが体の外に逃げないようにしておきたい。

ポイント❷ フォロースルー＝背泳ぎの手の使い方

両手スイングの中で、トップハンドとボトムハンドが正しく使えているか、すぐにチェックできる方法がある。インパクトでボールをとらえて、両ヒジをショート方向に伸ばしたあと、そのままの形で地面の方向にバットを下ろす。顔を残した体勢から、ボトムハンドを使って、体の側面でバットを回せるか。ここでうまく回せずに、肩関節が窮屈に感じる選手は、手首が返ってしまっていることになる。

② 飛ばしたい方向に力を加えるチェストパスの動きは、正しいスイングに似ている

スムーズに回せる選手は、ボトムハンドの手の甲がホームベース側に向き、小指が上を向いた状態になっている。この状態から腕を回すのは非常に楽で、背泳ぎの入水に似た動きになる（写真③）。手首を意識的に返すと、手の甲がピッチャー側に向き、親指が上を向く。ここから肩を回そうとしても、なかなかうまくは回らないはずだ。

メジャーリーグのホームランバッターは、この動きが自然にできている。たとえば、大谷選手は打ち終わったあと、ボトムハンドの肩を支点にしてクルンとバットが回る。ヘッドが返っていたら、あの動きはできないだろう。

▼

▼

▼

▼

▼

③ 背泳ぎの入水をイメージすると、正しい動きがわかりやすい

ドリル6

両手（立ちスタンドティー正対／高め）

［やり方］

ピッチャー方向に正対した状態で行うスタンドティー。肩の高さにボールをセットして（ボール缶の上にスタンドティーを乗せて、高さを出す）、ショート方向に飛ばす。ここでも、ヒジを伸ばしたところがフィニッシュとなる（左ページ写真）。

［狙い］

肩の高さであっても、ボールよりも上にグリップを置き、バットの落下を使ってスイングするためのドリル。また、ピッチャーに正対することによって、上体の捻りを使って打つ感覚を身につけやすくなる。

▼

▼

ポイント1 高めを打つ技術を身につける

高さとしては、完全なボール球。決して、「試合でここまで打ちなさい」という意味ではない。このぐらいの高さであっても、バットの落下を利用して打てるようになれば、高めのストライクを放り込める可能性が生まれる、ということだ。

高めは、高度なテクニックが求められる。手を体の近くに通して、バットのヘッドをスッと落とすことができるか（前ページ写真参照）。グリップが、ボールの軌道よりも上に入らなければ、ヘッドの落下を使うことはできない。

現役時代の私は、高めにフォーシームがくると、どうしてもバットを上から出すクセがあった。小さい頃から、「上から叩け」と教わってきた習性が抜けず、咄嗟の反応でバットのヘッドを立てて、上から潰すように打っていたのだ。ホームランになる打球がある一方で、角度がつかずにフェンス直撃の二塁打で終わることも多かった。上から叩くことも、バッティングの引き出しのひとつとして持っていていい技術ではあるが、これだけでは高めは放り込めない。

ピッチャーが狙って投げた高めは別にして、高めに抜けてくる球はバッターにとってのチャンスボール。ホームラン王を目指すのであれば、甘い高めは確実に仕留めていきたい。

ポイント❷　軸足の腰骨を押し込む

下半身で最大のポイントとなるのが、後ろ足の腰骨の使い方だ。ボールに対して、腰骨をガツンと押し込んでいくことによって、下半身のパワーをボールにぶつけることができる。と、言葉で書くと簡単に思うかもしれないが、この感覚を得るにはそれなりの時間を要する。通常のバッティングと同じように、ピッチャーに対して横向きの姿勢を取っていると、なかなか得にくい感覚でもあるのだ。

だからこそ、あえて投手方向に正対して構える。ホームベース寄りの足（左打者なら左足）に重心を感じながら上半身を捻り、捻り戻しの力を使うことで、軸足の腰骨を押し込む感覚をつかんでいく。この体の使い方がわかってくると、「下半身は動き出しても、グリップは後ろに残っている」といった下と上が別々に動く感覚を体得しやすい。下が回ったときに、上も一緒に回ってしまうと、「開きが早いフォーム」となり、アウトコースをバッターゾーンでとらえることは不可能だろう。捻るときに、腰がホームベースから遠ざかってしまうのはＮＧの動作だ。ピッチャー側から見たときに、左バッターの場合は「く」の字になる体勢だ（写真①）。これでは、ホームベース側の足に力を溜めることができず、インパクトでパワーを伝えられなくなってしまう。

✖ ① 腰がホームベースから遠ざかってしまうのはNGの動作

ドリル7

両手（スタンドティー正対打ち／低め）

［やり方］

スタンドティーをヒザの位置に設定し、バットの芯で的確にとらえる。高めに比べると、上体の角度が変わってくることを体感する（左ページ写真）。

［狙い］

手の動きではなく、上体の傾きによって、高低に対応する技術を習得する。下半身は横に動くが、上半身は縦に動く。この動きの仕組みがわかってくると、高めにも低めにも強いスラッガーになれる。

根
鈴
SINCE 2017

根
鈴
SINCE 2017

根
鈴
SINCE 2017

ポイント① 手ではなく上体の傾きを使う

低めを打ちにいくときに、手だけでバットの角度を調整すると、バットに当てることは可能でも、スタンドにまで飛ばすことはできない。インパクトで力を加えるためには、軸足の股関節を支点にしながら、上体をホームベース側に傾けていく必要がある（写真①）。

動きとしては、レッグランジの体勢から上体だけを傾ける形に似ている（写真②）。腹斜筋や前鋸筋などを使って、体を傾けながらもバランスが崩れないように耐える。

① 低めを打つには、軸足の股関節を支点にしながら、上体をホームベース側に傾けていく

▼

② レッグランジの体勢から、上体だけを
傾けるようなイメージで低めを打つ

ボールを投げる形をイメージしてみるのも、わかりやすいだろう。オーバースロー、サイドスロー、アンダースローは、手の角度だけで調整しているわけではない。トップの位置は同じで、あとは上体の傾きによって腕の出どころが変わってくるだけの話だ。たとえば、地面に止まりそうなぼてぼてのゴロを手で拾って投げるとしたら、必ず上体を傾け、左利きであれば左足を軸にして投げるだろう。

ポイント❷ 下半身は横、上半身は縦に使う

下半身を横に回し、その動きに釣られて上半身まで横に回してしまうと、低めはホームランにはできない。感覚的に表現すると、下は横に使いながらも、上は縦に動かす技術がほしいのだ（写真③）。

ヒザの高さのスタンドティーを打つ場合には、前の肩がボールに向くぐらい上体を傾けていい。ここまで肩を入れることによって、上半身を縦に使って、肩を入れ替えることができる。

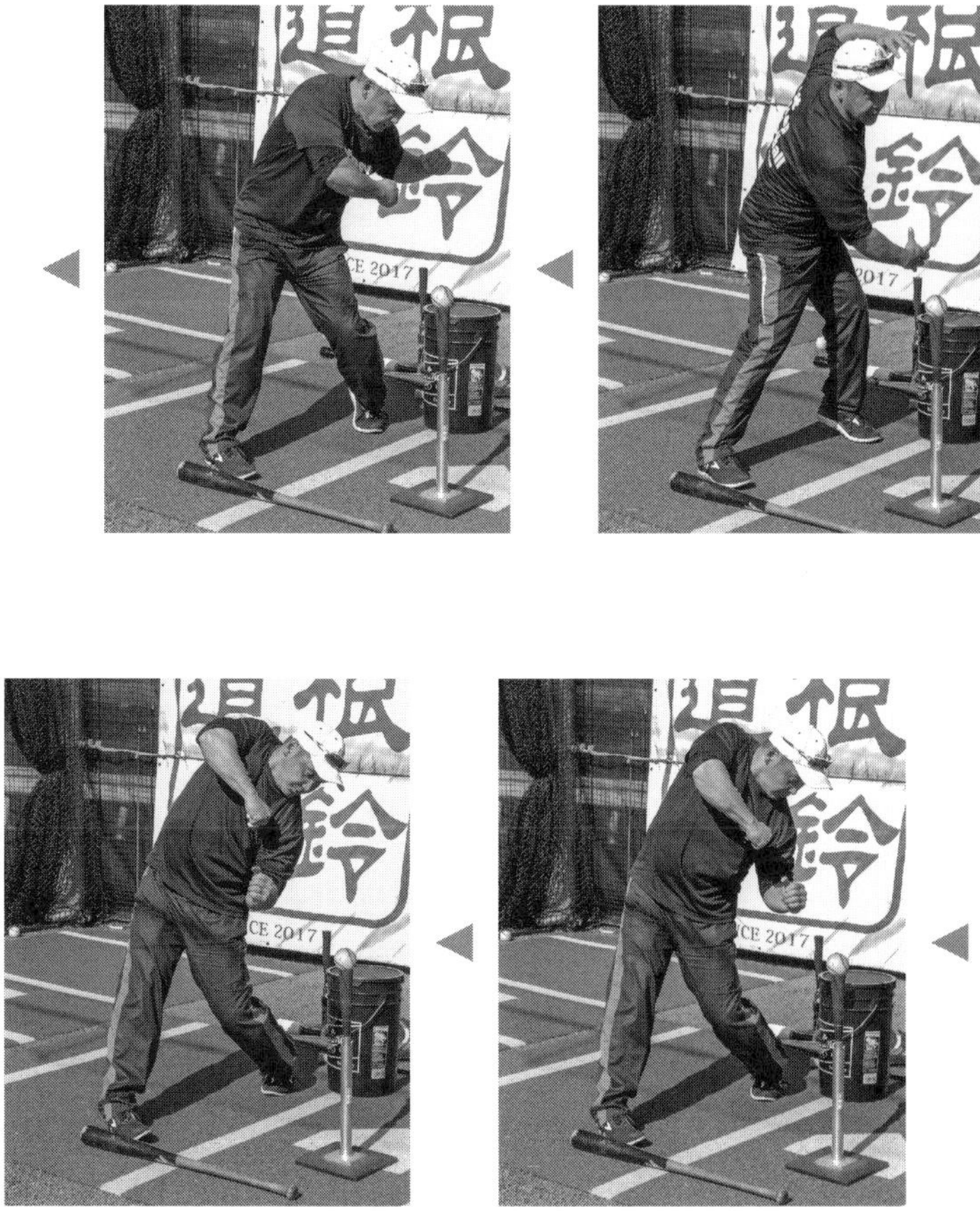

③ 下は横に使いながらも、上は縦に動かす技術を使えるのが理想

ドリル8

両手（フロントトス）

［やり方］

5メートルほどの距離で行うフロントトス。アウトコースにトスしたボールを、左バッターはショート方向、右バッターはセカンド方向にライナーを打ち返す。ボールに対して、バットの面を早く向け、トップハンドでボールを押し込む。両ヒジを伸ばしたところがフィニッシュとなる。足のスタンスは、投げ手と正対したところから始め、45度、スクエアと、通常のバッティングに近づけていく。グリップは、自分の振りやすい長さで握って構わない（左ページ写真）。

［狙い］

スタンドティーで体に染み込ませた動きを、フロントトスで実践していく。体の

近くからピッチャー方向にバットを使うことによって、逆方向にライナーを飛ばすことができる。

ポイント❶ 上体を縦に使う

意識するのは、スタンドティーでやったことと同じ。だが、止まっているボールでは正しい動きができている選手でも、前からくるボールを打とうとすると、前の肩が先に開いたり、横振りになったり、今までのクセが顔を現すことがある。

それを防ぐために、まずは投げ手と正対するところから始める。ドリル6のフロントトスバージョンと理解してもらえるとわかりやすいだろう。軸足に力を溜めながら、上半身を縦に回していく。体を正対させたほうが、縦に使う感覚を得やすいはずだ。

ポイント❷ バットの芯を長く見せる

ボールに対してバットの面を早めに出し、トップハンドで押し込む。芯でとらえることができれば、捻り戻しの力と押し込みの力だけでも強いライナーが飛ぶことを実感できるはずだ。バットを強く振る必要はない。

重要なのはバットの軌道である。体の近くからバットを振り出し、ピッチャー方向にできるだけ長く芯を見せていく（写真①）。体の内側から外側に向かっていく軌道になる。この軌道ができていれば、おのずと逆方向にライナーが飛ぶ。体の外から内にスイングする「ドアスイング」のバッターは、引っ張り方向にゴロが飛びやすい。

① 体の近くから振り出し、ピッチャー方向にできるだけ長く芯を見せていく

ドリル9

片手（フロントトス）

［やり方］

5メートルほどの距離で行うフロントトス。ボトムハンド、トップハンドの順で、片手だけで逆方向にライナーを飛ばす。ヒジが伸び切ったところがフィニッシュとなり、ここでピタッと止まるぐらいの意識を持つ（左ページ写真）。

［狙い］

座りで行ったスタンドティーの立ちバージョンになる。下半身の捻りをバッティングにまでつなげていく。

ポイント　胴体の力を使ってスイング

手の力だけでバットを操作しようとすると、横振りになったり、手首の返りが早くなったり、スイングにブレが生まれやすい。そうなると、フィニッシュでピタッと止まることも難しくなる。

ポイントは、胸郭を使って左右の肩を縦に入れ替えるイメージを持ちながら、スイングしていくこと。胴体の力を使わなければ、インパクトに力を加えられないことが実感できるはずだ。難易度の高いドリルのため、基礎的な動きができた選手が取り組む。

バッティングはリズムとタイミング

最終的には、フロントトスとマシン打ちで仕上げに入る。試合と同様のスタンスを取り、逆方向へのライナーを理想の打球に設定する。フロントトスの場合、背が小さい子どもであれば座った状態で、大人であれば立った状態でトスを入れる。

アメリカで口酸っぱく言われたのが、「バッティングはリズムとタイミング」という言葉だ。打ち方はほとんど教わった記憶がないが、この言葉だけは本当によく耳にした。今、選手を教える立場になって気をつけているのは、「ドリルマニアを育ててはいけない」ということだ。ドリルが上手にできたところで、実戦で打てなければ意味がない。実戦で結果を残すには、リズムとタイミングがカギとなる。

フロントトスの際、選手に伝えているのは、「トスを上げる手が動き出したときには、もう動いておきなさい」。足でも手でもいいので、自分から動くことによってリズムを取る習慣をつけてほしいのだ。とにかく、初動を早くする。この準備が遅いと、「構え遅れ」になりやすい。

トスを上げる投げ手は、「時間」に気を配る。18・44メートルのバッテリー間で、140キロのフォーシームであれば、キャッチャーミットに届くのはおよそ0・4秒。フロントトスであっても、トスするボールが手から離れて、バッターが打つまでの時間を0・4秒ほどに設定する。子どもであれば、0・5秒〜0・6秒でもいいだろう。プレーしているカテゴリーのストレートの秒数に合わせておきたいのだ。

「パン！（ボールが離れる）」「パン！（インパクト）」

この音の間《ま》を常に一定にしておく。何度も何度も打ち続けていけば、頭の中に音のイメージが残っていくはずだ。そうすることによって、ストレートを打つためのリズムとタイミングが自然に作られていく。

アメリカの練習を思い返してみると、フロントトスだけでなく、手投げのピッチャーの距離も、日本では考えられないような近さで、はじめは面食らった。しかも、テンポよくポンポン投げてくるので、1球1球ゆっくりとタイミングを取る暇がなく、打球の行方を追う時間もない。でも、しばらく打っているうちに、それでいいのだとわかった。体の中に音のリズムが入っていく。日本ではなかった感覚だった。

当初は1球打ち終わるたびに打球の行方を見ていて、コーチに注意されたこともある。フェンスを越えたかどうか、ついつい気になってしまうのだ。コーチには、「打球の角度やインパクトの感覚で、どういう打球かわかるだろう。わざわざ見なくていい」と言われた。正しく体が使えていれば、おのずと遠くに飛んでいるはずだ。

フロントトスもフリーバッティングも、ホームラン競争をしているわけではない。ここでも大事なことは、正確性と再現性にある。一定のリズムで投じられるボールに対して、タイミングを合わせて、同じような角度の打球をどれだけ飛ばせるか。ここの精度を高めていくことが、実戦での確率を上げることにつながっていく。

インサイドアウトを体感できるバレルバット

もしかしたら気になった人もいるかもしれないが、ドリル8や9で使っているのは「バレルバット」と呼ばれるトレーニングバットだ。メジャーリーガーが使用していたバットを参考にして、独自に製作した。昨年あたりから日本で広まるようになり、現役のプロ野球選手も愛用している。

一番の特徴は、グリップ側に重さがあることだ。振り出しでバットを落とす感覚をつかみ、体の近くから手を使う技術を体感しやすい利点がある。約1500グラムの重さがあり、横に振ろうとすると、非力な選手は絶対に振れない。スムーズに振るためには、バットの落下を利用するしかないのだ（写真①）。この感覚がわかってくれば、小学生であっても扱うことができる。

① 重いバレルバットをスムーズに振るためには、バットの落下を利用するしかない

一般的なマスコットバットはバットの先に重さがあるが、体から遠いところに重さがある分、どうしても体から離れていきやすい。基本的な技術ができていない選手が振ると、マスコットバットを振れば振るほど、遠回りのスイングが身についてしまうリスクがある。

力いっぱい振る素振りにどんな意味がある？

根鈴道場では素振りは一切やらない。自宅に帰ってからの自主練習でも、素振りを勧めるようなことはしていない。むしろ、やる必要はないと思っている。

こんなことを言うと少年野球の指導者に怒られそうだが、まだボールを芯でとらえる感覚が芽生えていない子どもたちが、素振りをすることにどれほどの意味があるのか。正しいバットの軌道が、何かもわかっていない子どもたちだ。そこでやみくもに素振りを繰り返すと、フォームそのものが崩れていく危険性がある。

小学生の頃から重たいバットを振る子どももいるようだが、腰を痛めるリスクもあるのでおすすめできない。繰り返しになるが、「正確性」と「再現性」を磨いていくには、自分が振れるバットでボールを打つ練習を続けたほうが、ミート力が上がっていくはずだ。

アメリカには、素振りの文化が存在しない。空気を切り裂いてどうするんだ、という考えだ。日本のように1日1000スイングもして、手にマメができるようなことは絶対にない。

マメのことを、アメリカでは「ブリスター」と言う。私はウエイトトレーニングのバーベルでブリスターができることはあったが、スイングでできることはほとんどなかった。ブリスターができているときは、「手に余計な力が入っているな」と悪い兆候だととらえていた。

日本人の手にマメができる理由として考えられるのは、自らの力でリストを返そうとするため、手のひらで摩擦が起きることだ。このスイングで素振りを繰り返せば、マメができるのは当然のことだと言える。

もし、素振りをしたいのであれば、500回でも1000回でも疲れずに振れるスイングを追求してほしい。それはすなわち、バットの落下を生かしたスイングであり、イチロー選手のネクストサークルでのルーティンにもつながる。大きな円を描きながら、地面すれすれをスイングする（写真①）。本気で振る必要はなく、「だらーん」と脱力しながら振っていく。バレルバットを使うと、この感覚をより実感できるはずだ。自分の力で目一杯振る素振りは、この機会に卒業してみてはどうだろうか。

① バットの落下を利用して、大きな円を描きながら、地面すれすれをスイングする

トレーニングドリル

ドリル1 前足ステップ

［やり方］

ここからはトレーニング要素を兼ねたドリルとなる。前足をステップする場所に、目印となる筒（根鈴道場ではバットにはめる重りを使用）を置く。この筒に触れるギリギリのところまで、前足をステップしていく。前足のかかとを踏む＝スイングの合図となるが、合図を出すまでの動きを習得する。上体が前に突っ込まないように、足だけを前に持っていくのがポイントになる（左ページ写真）。

［狙い］

後ろ足から前足への大きな体重移動を使って、飛距離を出そうとするバッターが多い。体重を移動させること自体は間違いではないが、前に移動する距離が出れば出るほど、ボールと衝突して、バッターゾーンでボールをとらえるのが難しくなる。できるかぎり移動距離を短くして、その中でもボールを飛ばす技術を身につけていきたい。

ポイント1 まずは立つことからスタート

軸足だけでバランスを取り、一本足で立つところからスタート（写真①）。ピッチャーの指導で「軸足でしっかり立てるように」という教えがあるが、バッターも同じだ。自分の体をコントロールできなければ、前にステップしていくこともできない。子どもたちに対しては、「かかしでもいいから、まずは立ってごらん」と教えている。

「軸足で立つ、ステップ、軸足で立つ、ステップ、軸足で立つ……」を繰り返し、

① 軸足だけでバランスを取り、
一本足で立つところからスタート

前足を戻すときには地面に下ろさずに一本足で立つ。足のトレーニングも兼ねたドリルであり、根鈴道場に通う選手は、アップを兼ねて20回ノーミスで取り組む。

ポイント❷ ピッチャーとの距離を自ら縮めない

「足は前に行くけど、頭は行かない」

これが最大のチェックポイントになる。

ステップと同時に頭までピッチャー方向に移動すると、ボールとの距離を自ら詰めることになる（写真②）。これが120キロや130キロの半速球なら問題はないが、150キロ、160キロのフォーシームとなればどうか。ピッチャーゾーンでわざわざ勝負するのは、自分のバッティングを苦しめることになる。

実際のバッティングでも、前足のつまさきが着いた時点では、まだ軸足に98パーセントほどの力が溜まっている。体重が移動していくのは、前足のかかとを踏んだ瞬間だ。このときには、前足に100パーセントの力を移していく。かかとを踏むまでは、軸足に力を溜めておきたい。

▼

✕ ② ステップと同時に頭までピッチャー方向に移動するのはNG

ポイント③ 上と下をかみ合わせる

もうひとつ重要になるのが、上と下の動きを合わせることだ。前足のステップに合わせて、前肩を少し落とすイメージでトップを作る。いわゆる「割れ」の動きを空中で行うことによって、ボールとの間合いを感じてほしいのだ（写真③）。上体を横にねじるのではなく、縦に落とすことでトップを作り出すのがポイントになる。この動きがあることによって、バットを振り出すときに落下を使いやすくなる。

ひとつ気をつけておきたいのは、手の動きばかりに気を取られて、顔がピッチャーから外れてしまうことだ。両目で楽にピッチャーを見られるような体勢で構えておかなければ、実戦にはつながっていかない。

③ いわゆる「割れ」の動きを空中で行う

ドリル
2

ゴムバンドスイング

［やり方］

動きとしてはドリル1の続きになる。前足をステップして、かかとを踏み込んだあとの動きをここで学ぶ。短バットの先にゴムが付いたトレーニングアイテムを使用し、ゴムをキャッチャー側のネットにくくりつけることで、筋力アップを兼ねながらスイングすることができる（左ページ写真）。

［狙い］

下は回り始めても、上のグリップはまだ残っているという「捻転」を体得する。バットがキャッチャー方向に引っ張られているため、グリップが残る感覚を得やすい。また、速いスイングができないため、ひとつひとつの動作を頭で確認しながら

場
SINCE

▼

場
SINCE

▼

場
SINC

行うことができる。正しい動作が理解できていなければ、ぎこちない動きになってしまう。

ポイント❶ 両手の使い方を再度確認する

すでに説明しているとおり、下と上が一緒に回ってしまえば、捻りの力を生み出すことができず、1枚の板がただ回っているだけになる。これではパワーも何も生まれない。ただ、実戦のスイングの中で捻転を意識するのは難しいため、日頃のドリルで体得できるようにしている。

実際にゴムを持ってもらうとわかるのだが、かなり強い力でキャッチャー方向に引っ張られている。この力によって、強制的に上が残る状態を作り上げることができる。

重要なのは、かかとを踏んでからの手の使い方で、体の近くを通しながら、インパクトゾーンを長く振る（写真①）。ボトムハンドは逆シングル、トップハンドはパームアップ。手が動き始めたときに、前肩が開き、顔が一緒に飛んでしまえば、芯でとらえる確率は低くなることも再確認しておきたい（写真②）。

ボールを打つわけではないので、さまざまなコース、高さの練習をすることが可能になる。高めであっても、ボールの軌道よりも上にグリップを出し、バットの芯がボールよりも下に入らないようにする。理想となる動きを体に染み込ませていくには、おすすめのドリルである。

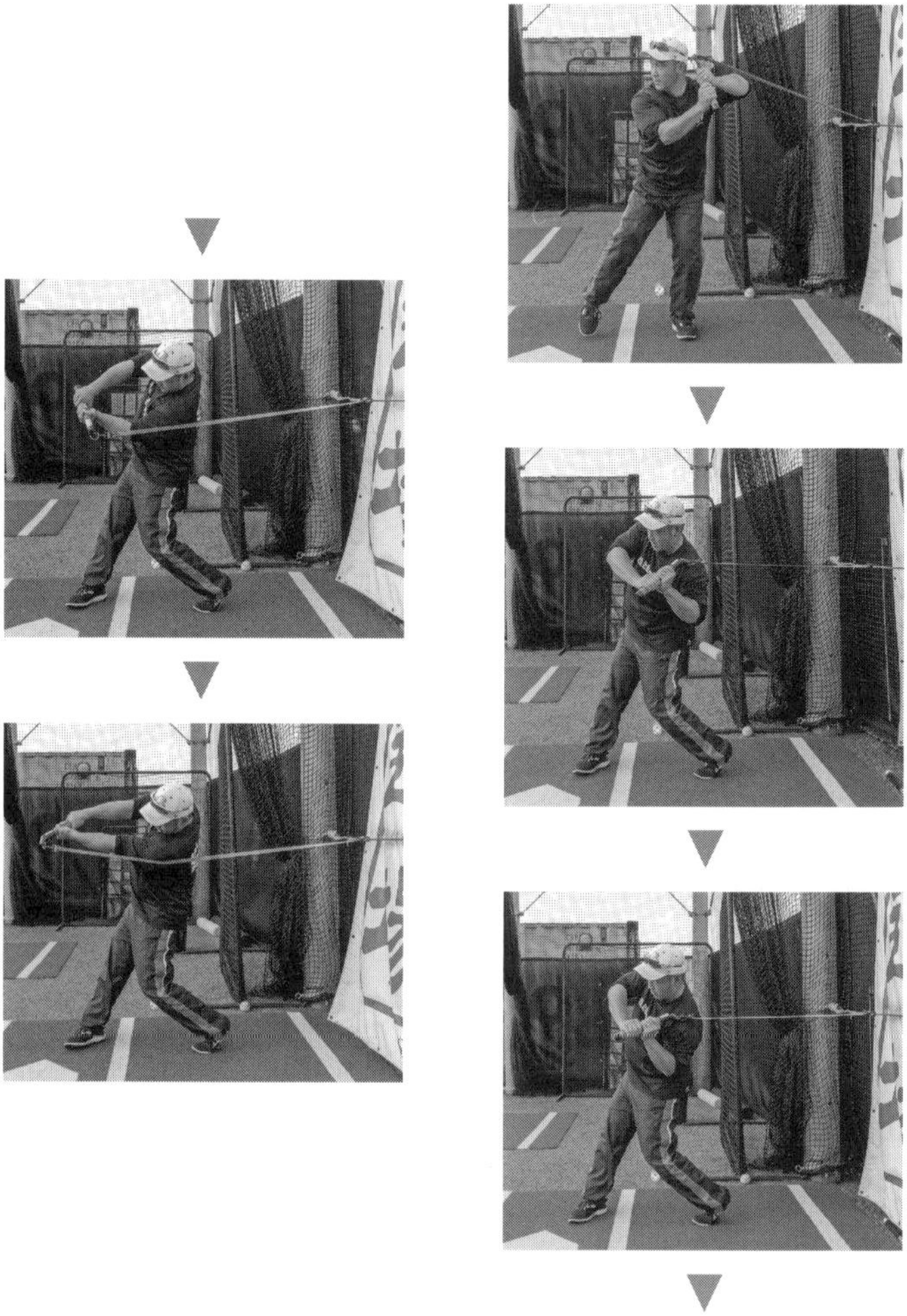

① 体の近くを通しながら、インパクトゾーンを長く振っていく

✕ ② 手が動き始めたときに、前肩が開いて顔が一緒に飛んでしまうのはNG

ポイント❷ ホームベース方向に力を向ける

手の使い方とともにポイントとなるのが、力を出す方向性だ。スイングの最中にかかとに体重が乗り、左バッターであれば一塁ベンチのほうに体が逃げてしまうようであれば、力の方向性が間違っていることになる。横回転でバットを振ろうと思うと、どうしてもこうなりやすい。

ボールはホームベースの上を通過するわけで、体の前側に力を集めなければ、インパクトで力を加えることはできない。メジャーリーガーを見ると、振ったあとにホームベース上に軸足が一歩出る姿をよく目にする。多くの日本人は、どうしても体重が体の外に流れがちだ。特に自分の背中側に一塁ベースがある左バッターは要注意。いわゆる「走り打ち」をしている間は、ホームランを打つことができないのは明らかだ

このドリルでも、両ヒジを伸ばしたフィニッシュまで持っていったあとには、ホームベース側に倒れるような体の使い方をしてほしい（写真③）。

③ フィニッシュのあとには、ホームベース側に
倒れるような体の使い方をする

ドリル3

バランスボールスイング

［やり方］

前足の股関節の延長線上に、目印となる筒（バットにはめる重り）をセット。バランスボールを両手で持ち、実際のスイングと同様に体を動かしていく。低めのボール球を打つイメージで上体を縦に回していき、バランスボールで筒を倒す。頭の上までフォロースルーを取る中でも、顔が残っているようにする（左ページ写真）。

［狙い］

上半身を縦に使う動きを習得する。バランスボールを持つことによって、ボトムハンドのパームアップを意識しやすく、リストターンを修正することにもつながっていく。

ポイント❶ 低めに合わせて上体を傾ける

ドリル1から3は、根鈴道場に来た選手がアップを兼ねて行うトレーニングになる。いわば、日々のルーティンにしておいてほしい動きだ。この3つのドリルに取り組むことで、下半身と上半身の分離や、手の使い方などを体に染み込ませることができる。

バランスボールは、見た目以上にきつい。地面すれすれの低めを振るためには、手だけでスイングの角度を調整しようとしては、絶対に届かない。いかに上半身を傾けて、縦のラインで回していくか（写真①）。実際にやってみると、下半身にも相当な負荷がかかるのがわかるはずだ。

ポイント❷ スイングの中で柔軟性を作る

195ページのフォロースルーの形を見てほしい。顔が残り、頭の上までバランスボールがきているのがわかるだろう。この形も、手だけでどうにかするには限界がある。胸郭や肩関節の柔らかさがなければ、ここまで体は回っていかない。

「体の柔軟性が大事」とよく言われるが、ストレッチだけでは身につかない柔軟性があるものだ。ストレッチで柔軟性が養われたとしても、それがスイングに生かされていなければ意味がないように思う。私の場合は、スイングのドリルの中に関節の可動域が広がるような動きを取り入れている。

① 上半身を傾けて、縦のラインで回していく

棒体操ドリル

ドリル1 肩の入れ替え

［やり方］

小学生や中学生の子どもたちには、もっと初歩的な動きとして、180センチの棒を使った体操を取り入れている。体をほぐしながら、バッティングにつながる体の使い方や柔軟性を身につけていく。

まずは、肩の入れ替えを覚える体操。胸の前で棒の中心を抱え、顔の下に左右の肩が入り込むところまで、上体を捻っていく。棒を持つのは、自分がどこまで動けているかが見た目にわかりやすいためだ。棒の先端をひとつの目安にすると、左肩

を入れたときには右足、右肩を入れたときには左足を越えるところまでいくのが理想の動きとなる（前ページ写真）。

［狙い］

これまでお伝えしてきた、「下半身は横に動くが、上半身は縦に動く」という感覚をつかむためのドリルになる。上半身を横に回そうとする選手にとっては、今まではない感覚を得られるはずだ。

下半身はがっちりと固定するのではなく、右足から左足、左足から右足の体重移動を入れていく。キャッチャー側の足のかかとは多少浮いてしまっても構わない。

ポイント❶ 頭は動かさずに肩を入れ替える

一番気をつけてほしいのは、頭の位置は動かさないこと。目線は下に向けたまま、顔の下で左右の肩を入れ替えていく。これまで顔の話を何度もしてきたが、「顔＝コントロールセンター」と位置づけることができる。顔が動けば、そこから下の動きはすべてぶれてしまう。ボールを打とうとすると、どうしても顔が飛びやすくなるので、まずはバットを持たずに下を向いた状態で、正しい動きを体に覚え込ませていく。

ポイント❷　ボールの高さと後ろ肩の関係性

ドリル１の姿勢から上体の角度を上げていけば、バッティングとほぼ同じ形になる。棒を抱えた体勢から、スタンドティーを打ってみると、「肩を入れ替える」という感覚をよりつかめるようになるはずだ（写真①）。ここでも、顔が動かないように注意したい。顔が動いてしまえば、すでに説明した「ビハインドザボール」の形も取れなくなってしまう。

通常のバットでも、同じことができる。胸の前でバットを抱え、スタンドティーを打ってみてほしい（写真②）。写真②で紹介しているのは、高めを打つときの体の使い方だ。ボールの高さに対して、後ろ肩が下がってしまえば、バットのヘッドがボールの下にもぐることになり、速いストレートには対応できなくなってしまう（写真③）。ボールの高さと後ろ肩の関係性に注意をしてほしい。

① 上体の角度を上げていけば、バッティングとほぼ同じ形になる

✕ ③ 後ろ肩が下がると、バットのヘッドがボールの下にもぐることになるのでNG

② 通常のバットでも、同じメニューができる

ドリル 2

胸郭体操

［やり方］

棒を背中の後ろでかつぎ、地面と棒が平行になったところをスタート地点にして、上体を左右にねじっていく。目線はできるかぎり前を向いた状態にして、上体のねじりに引っ張られないようにする（左ページ写真）。

［狙い］

胸郭の柔軟性を高めるメニュー。感覚的には、顔と足を固定して、みぞおちから首までを左右に回していく。完全に動かないようにするのは体の構造的に無理ではあるが、そのぐらいの意識を持っておく。

ATTABOY

野武士

ATTABOY

ポイント 胸郭を自在に動かす

感覚的な表現を使えば、「下半身と上半身の分離」となる。下が回り始めたときに、上がどれだけ残っているか。このねじれの差が、鋭い回転を生み出し、バットスイングを加速させていく。このとき、胸郭の動きが硬いと、何度も言っている上半身が1枚の板のように回るだけになり、運動連鎖によるエネルギー伝達が生まれにくくなる（写真①）。

胸郭は、普段の生活では大きく動かす機会が少なく、硬くなりやすい。高校生や大学生でも動きが悪い選手がいるので、バッティング練習前にほぐしておくことをおすすめしたい。

▼

✕ ① 胸郭の動きが硬いと、運動連鎖による
エネルギー伝達が生まれにくくなる

ドリル3
肩甲骨体操

［やり方］

肩甲骨を中心にした肩回りの柔軟性を高める体操。逆手で棒を持ち、そのまま頭の上にまで上げていく。このとき、天井から吊るされている感覚を持つと、それだけで肩甲骨が動く。ここから目線を前に向けたまま、左右に上体をねじる（左ページ写真）。「目線は前」「顔はなるべく固定」は、棒体操すべてのドリルに共通するところだ。

［狙い］

ボトムハンドの「逆シングル」、トップハンドの「パームアップ」をスムーズに行うには、肩甲骨の柔軟性が必須になる。静的ストレッチも大事ではあるが、動き

野武士

野武士

野武士

野武士

野武士

の中で柔軟性を高めていったほうが、バッティングの動作につながりやすい。

ポイント　肩甲骨を動かす

上体をねじる動きだけを見ると、手でやっているように見えるかもしれないが、手で動かせる範囲はわずかしかない。肩甲骨を使う意識を持ちながら、肩関節をしっかりと動かしていく。年齢を重ねるとともに、筋肉が硬くなり、関節の可動も悪くなっていきやすい。四十肩、五十肩の草野球選手にもおすすめしたい体操だ。

回数を重ねていくと、腕が耳よりも前に出やすくなるが、これでは体操の効果が薄れてしまう。腕は、耳の横まで上げておきたい。

ドリル4 体側・脇腹体操

［やり方］

最後は、脇腹を中心にした体側を伸ばす体操。ドリル1と同様に、棒を頭の上に持ってきたあと、上体を真横に倒していく。ふたつのバリエーションがあり、ひとつ目は首をできるかぎり真っすぐに固定したまま、上体を倒していく（次ページ写真①）。肩甲骨の可動域を高めるとともに、体側を伸ばすことがメインになる。もうひとつは、足を肩幅よりも開き、体を横に倒して、棒の先端を地面に近づけていく（次ページ写真②）。脇腹を伸ばすことにつながっていく。

［狙い］

体の横側の筋肉を伸ばすことは、日常生活ではなかなか機会がないことだ。ほぐ

①

②

しておかなければ、硬くなるのは当たり前のこと。脇腹の動きが悪いと、パームアップで作ったインパクトゾーンが、狭くなってしまう恐れもある。毎日、数回でもいいので、筋肉をほぐす習慣をつけておくといいだろう。

第3章

アメリカで戦うための心と体

第一打席のストレートをフルスイングする

第1章でバッティング理論、第2章で具体的なドリルを紹介してきた。今までとは違った考え方に戸惑った人もいるとは思うが、ホームランを打つための引き出しのひとつとして、ぜひチャレンジしてみてほしい。きっと、新たな感覚を手に入れることができるはずだ。

打ち方を理解し、ドリルで動きを身につけ……、ここから大事になるのが、実戦での考え方だ。スタンドティーでいくらいい打球を飛ばしていても、18・44メートルのピッチャーとの勝負を制することができなければ、ホームラン数は増えていかない。第3章では、試合で結果を残すための考え方やメンタルを解説していきたい。

さらに、後半部分ではトレーニング論にも触れた。おそらく、「根鈴さんの打ち方は、強いフィジカルがないと打てないでしょう?」と感じる人がたくさんいると思うからだ。もちろん、そこは否定しない。というよりも、外国人に負けないフィジカルを作り上げることから逃げていたら、アメリカで活躍することなど絶対にできない。日本のプロ野球選手を見ていると、「もったいない。もっと体を鍛えれば、打球が変わるのに」と思うことが多々ある。これについては、またのちほどお話ししたい。

日本を含めて5カ国でプレーした私には、忘れられない1本のホームランがある。3Aに昇格したあと、最初の試合でいきなり四番を任された日のことだ。私は左投左打で、守れるところはファーストか外野しかない。同じようなタイプのバッターが、周りにはゴロゴロいた。打てなければクビ、打てば道が広がる。わかりやすい立場だった。

第一打席、ストレートしか投げてこないのはわかりきっていた。相手にもプライドがある。何者かよくわからない日本人に対して、変化球を投げてくるはずがない。たいしたサイン交換もせずに、ズドンと投じた球種はストレート。迷いなく振り切った打球はライトフェンスを越えていった。会心の当たりだ。この1本で、周りの見る目が変わっていくことを実感した。結果を出せば認めてくれる。それがアメリカの社会だ。

アメリカに渡ってから強く意識していたのが、第一打席のストレートにフルスイングを仕掛けることだ。「甘いストレートを投げたら、長打にされる」と、ピッチャーに恐怖心を与えられるようなフルスイングができるかどうか。ファーストスイングでホームランになるのが理想だが、実際にはなかなか難しい話である。はじめは、空振りでもファウルでもいい。とにかく、フルスイングでピッチャーにプレッシャーをかける。

「こいつはやばいバッターだ」と思わせることが、ピッチャーの手元を狂わせることにつながっていくのだ。ボール先行でバッター有利のカウントになったり、コースを狙った球が甘く入ってきたり、ホームランを打てるチャンスが広がる。第一打席にフルスイングができなければ、何も始まらない。ストレートをあっさりと見逃しているようでは、ピッチャーに舐められてしまう。「こいつはたいしたことないな」と思われたら、どんどん腕を振ってきて、ピッチャーのペースで攻め込まれるだけだ。

第一打席のストレートにフルスイングを仕掛けることが最重要

バッティングの大基本は、ストレートをフルスイングで打ち返すことにある。これは少年野球でも高校野球でもメジャーリーグでも同じことだ。ピッチャーが投げるもっとも速い球に振り遅れたり、差し込まれたりしているようではノーチャンス。ストレートを3つ投げられて、終わりとなる。

チーム全体にも言えることだ。カウント球のストレートを、すべてのバッターが見逃すことなく振ることができたら、バッテリーは「変化球も混ぜていかなければやられる」という思考になる。そうなれば2巡目から変化球を狙うなど、チームとしての対策を立てることもできる。

少年野球や高校野球のように、ひとりのエースが大黒柱として君臨している場合には、球数を投げさせる作戦も有効かもしれないが、その思考が若いときから染みついてしまうと、本当にフルスイングしなければいけない局面でバットが振れなくなる。ストレート狙いの中で、ストレートをフルスイングすること。どのカテゴリーで勝負するとしても、これがバッティングの原点となるのは間違いない。

高めのストレートを打ち砕く

高めのストレートに力負けするようなバッターは、アメリカではやっていけない。それも100マイル（約160キロ）近いストレートを、芯でとらえて長打を飛ばすことができるか。低めはバットの落下を使いやすく、手が伸び切ったところで打てるので、ツボに入ったときにはスタンドに持っていけるのだが、高めはそうはいかない。本物の技術を持っていなければ、高めを攻略するのは難しい。

だからこそ、根鈴道場では高めの打ち方を徹底して追求する。ヘッドを立てて、上から叩く打ち方ではなく、バットの落下を生かした「正しいアッパースイング」で打球に角度をつける。特に、高めに抜けた失投がきたときに、ファウルにしてしまっているようでは負けだ。一打席の中で、失投は一球あるかないか。それを一振りで仕留められる技術を持っていなければ、アメリカでは生き残っていくことができないのだ。

ストレートに差し込まれてファウルや空振りになると、バッターの心理として「ミートポイントを前に置こう」と思いがちだ。球速に負けないために、どうしても早く反応しようとする。こうなると必然的に、バッターゾーンではなくピッチャーゾーンで打たされ、ストレートよりも遅いチェンジアップなどで打ち取られるパターンになる。右投手対左打者、あるいは左投手対右打者のときに、外に逃げていくチェンジアップを苦手としているバッターは多いのではないだろうか。たいていは、ミートポイントをピッチャーゾーンに置いているのが原因のひとつであり、緩急に対応できていない。

変化球に対応したいのであれば、なおのこと、深いポイントでストレートを打つ練習をしておくべきだ。特にもっとも窮屈な、高めのストレートに対する手の使い方を身につけてほしい。バッターゾーンでストレートをさばける自信がつけば、ストレートよりも遅い変化球には対応できる。「バッティングの大基本は、ストレートをフルスイングで打ち返すこと」という考えは、変化球を打つことにもつながっている。

相手にどう見られているかを知る

「このバッターはストレートに強い」ということが相手に伝われば、当然攻め方は変わってくる。仮に第一打席でストレートをスタンドイン、第二打席でもストレートを完璧にとらえたとなれば、第三打席では変化球でカウントを取りにくる可能性が高い。バッターとしても、「もうストレートで真っ向勝負することはないだろう」と読むことができる。はじめにストレートを打ち砕くことで、配球を絞りやすくなっていくのだ。そういった意味でも、フルスイングでストレートをミートできなければ、確率の低いバッターになってしまう。

現役時代、私が常に頭に入れていたのは、「相手のバッテリーや監督が、根鈴雄次をどう見ているか?」ということだった。私は「クイックハンズ」が特徴だったので、インコースの速い球でも差し込まれない自信があった。おそらくは、相手もそう見ていたはずだ。そうなると、変化球で攻めてくるケースが増える。一番深いポイントでストレートを打つ準備をしておきながら、バットの芯を長く見せて、変化球に泳いでもしっかりと対応できるように心掛けていた。

追い込まれたあと、ボールになる変化球で三振をしてしまうバッターがいないだろうか？　しかも、たいてい同じようなパターンでやられていないだろうか？

日本の野球は、バッターが苦手なコースを徹底して突いてくる傾向がある。「相手が自分のことをどう見ているのか、どう分析しているのか」がわかれば、配球の特徴をつかむことはできるはずだ。

紅白戦をやる機会があれば、仲間のバッテリーに「おれのことをどう抑えようとしている？」と聞いてみてもいい。本人が気づいていない弱点を教えてくれるかもしれない。自分の特徴を知ることが、試合で結果を残すことに結びついていく。相手を知ることも大事だが、それ以上にまずは自分を知ることが大切になる。

短い時間でアジャストする

同じ球種、同じコースの球で打ち取られるほど、バッターとして屈辱的なことはない。しかも、ある程度読みどおりの球だとしたら、なおさら悔しさが募る。

結果が出なかったときには、必ず何らかの原因がある。メカニズムの問題なのか、打席での迷いなのか、疲労の蓄積によるコンディション不良なのか、そもそもピッチャーが投げる球のレベルが上だったのか。ここをしっかりと振り返らなければ、また同じ結果を繰り返すことになる。

その日の打撃内容が悪かった場合、次の試合で修正できるのはアマチュアのレベルだと思っている。プロのレベルになれば、一打席でズレを把握し、次の打席には修正をはかる。そのためには日頃から、理想の動きを追求し、ちょっとした体の疲れや感覚のズレを把握できる選手でなければいけない。自分自身を俯瞰して捉え、客観視する能力が必要になってくる。

私がエクスポズのマイナーでプレーしていたとき、超一流選手の練習の姿勢を見て、驚かされたことがあった。春のキャンプで、エクスポズの隣で練習をしていたのがカージナルス。主砲は全盛期のマーク・マグワイアだ。ある日のオープン戦で、マグワイアが右中間にライナー性のホームランを打った。「やっぱり、すげぇな」と思って見ていると、その打席のあとベンチに退いた。

するると、すぐにグラウンドに隣接している練習場に向かい、バッティングゲージの中でスタンドティーを黙々と打ち始めたのだ。おそらく、試合中のバッティングでわずかなズレを感じ取ったのだろう。スタンドティーの位置は股間の前。バッターゾーンの深いところにポイントを置いて、センター方向にライナーを飛ばす。バットを振る音、ボールをとらえる音、ネットに突き刺さる音が、爆発音のように響いていた。

マグワイアは2時間近くも打ち続けた。打球の方向性に、まったくぶれがない。同じところに何度も何度もぶち当てる。正確性と再現性の両方を備えていなければ、絶対にできないことだ。

感覚がずれたときや調子が落ちてきたときに、どんな練習をするのか。「これをすれば、基本の動作に立ち返ることができる」という練習を持っておきたい。アメリカの選手は、スタンドティーに取り組むことが多かった印象がある。レッドソッ

エクスポズ時代の著者

クスで活躍したマニー・ラミレスはその代表例で、試合前のフリーバッティングをほとんどやっていなかった。スタンドティーで動作の確認をして、練習は終わり。フリーバッティングで気持ちよく飛ばすことが、決していいわけではないのだ。

ピッチャーのナイスボールを称える

レベルの高いピッチャーになると、渾身のベストボールがきたときには、「参りました。これは打てません」と、思わず拍手を送りたくなるときがある。打てなかったことは当然悔しいのだが、どんな一流バッターでも打率は3割で、7割は凡退するのだ。だから、アウトのたびに落ち込んでいると、自分のメンタルがやられてしまう。

打てたかどうかは、ひとつの結果にしか過ぎない。現役時代の私は、「ストレートをフルスイングできたか」「狙っていたボールに自分のスイングができたか」の2点をチェックポイントに置いていた。それができたうえで、アウトになるのなら仕方がない。それだけ、バッティングは難しいものである。

ピッチャーのベストボールを弾き返すのは、容易なことではない。「いやぁ、今の打席は打てる球がなかったな。ナイスピッチャー！」でもいいのだ。打ち取られたことをずっと悔やんでいても、次の打席にはつながっていかない。修正すべきことはしっかりと修正して、次の打席に切り替えて臨む。一打席一打席、目の前の打席に集中することが、試合で力を発揮することにつながっていく。

これは指導者のみなさんに言いたいことだが、打席に入ってから「タイミングが遅い」「もっと早く振れ！」「後ろヒジをヘソに近づけて！」などと、細かいことを言ってもその場で良くなるわけがない。バッティングは、そんなに簡単なものではない。こうした技術的なことは、練習の段階で終わらせておくこと。試合になればピッチャーとバッターの一対一の勝負に集中させてほしい。「結果を恐れず、思い切り振ってこい！」。これで十分だ。そこで打てなければ、また練習すればいい。抑えられた悔しさが、次の試合への原動力になる。

子どもの野球では簡易フェンスを設置するべき

外国でプレーしていてつくづく感じたのは、「お客さんの多くがホームランを求めている」ということだ。1対0の投手戦も面白いが、守り合いよりも打ち合いのほうが、スタンドは盛り上がる。そもそも、野球は点取りゲームであって、相手よりも1点でも多く得点を挙げたチームが勝つ競技である。

メキシコでプレーしていたときには、観客が外野のグラウンドに陣取り、日本の運動会のようにシートを敷いて観戦していた。ラッキーゾーンに近い感覚で、観客の上を越えていけばホームラン。いわば、「人間フェンス」のようなものだ。日本には絶対にない発想だろう。

日本の少年野球や中学野球を見ていると、「なんで、簡易フェンスを作らないのだろう?」と感じることが多い。だだっ広い河川敷や学校の校庭で試合しているかぎり、フェンスオーバーのホームランを打つ喜びを味わうことができない。外野の奥を転々と転がるランニングホームランは、外国でプレーしてきた私からすると違和感しかない。ベース一周を誰にも邪魔されずに、悠々と回る快感はホームランを打った者にしかわからないことだ。それを、小さい子どもたちにもぜひ体験させてあげたい。少年野球であれば、60メートルぐらいのところにフェンスを設置すると、スリリングなゲーム展開になるだろう。野球場でソフトボールの試合をするときに簡易フェンスを置いているが、あのようなイメージだ。

もうひとつ、日本の野球で不思議に思うのが、ホームランを打った子どもに対して、天狗にならないように「調子に乗んなよ！」と指導者が釘を刺すことだ。ひどいところになると、次の打席で意図的にセーフティバントのサインを出す指導者もいる。「おれ、いけるかも！」とバッティングに対する意欲がより湧くのであれば、どんどん調子に乗ればいい。ピッチャーのレベルが上がれば、簡単に打てなくなるのは自分が一番わかるわけで、調子に乗っている場合ではないことにいつかは気づく。それは、誰かに言われるようなことではないのだ。

子どもたちにおすすめの「コーチズピッチ」

これも、指導者に対する注文のようになってしまうが、子どもたちが打っている姿を見ると、アメリカはホームランを打つためにやっていて、日本は勝つためにやっているように感じる。厳密に言えば、「子どもたちが」というよりは「大人が」と置き換えたほうがいいのかもしれない。試合では、指導者である大人がバントやウエイティングなどの細かいサインを出して、采配を振る。そのために日頃の練習から、ゴロ打ちをしたり、送りバントを繰り返したり、バッティングにかける時間がどうしても少なくなる。それを補うために、自主練習で素振りをするのだろうが、空気を切り裂くスイングよりは、ボールを打つ時間を増やしてあげてほしいのだ。

子どもの野球で「待て」のサインが必要だろうか？

3ボールからでも真ん中にストレートがきたら、フルスイングでホームランを狙っていいし、狙うべきだと思う。「ベースボールと野球は違うから」と言われそうだが、小さい頃から勝つための細かい野球をやっていては、世界で通じるスラッガーはなかなか育ってこないだろう。バッティングのゴールは、ホームランを打つことにある。

アメリカには、「コーチズピッチ」という少年野球のローカルルールが存在する。マウンドには、相手のピッチャーではなく味方（攻撃側）のコーチが上がり、バッターが打ちやすい球を投げてあげるのだ。だから、「待て」のサインは存在しない。打てる球を積極的に振るようになっていき、それが当たり前のものとして育っていく。日本にもぜひ広まってほしい考え方である。

野球は「無差別級」の戦いである

ここからはトレーニング論についても語っておきたい。

アメリカでプレーする中で強く実感したのは、「野球は無差別級の競技」ということだ。１７０センチ80キロの選手もいれば、２００センチ１２０キロの選手もいる。メジャーリーグで本塁打王を獲ると考えたときには、この世界で戦っていかなければいけないのだ。日本国内でのプレーであれば、体格が多少劣っていても技術でカバーできることもあるだろうが、アメリカではそうはいかない。技術だけではなく、パワーもスピードもフィジカルの強さも、すべてが必要になっていく。

私は、小学6年生のときにすでに170センチ85キロのサイズだった。わかりやすく言えば、清宮幸太郎選手のような感じだ。同級生の中でひときわ目立つ体つきで、打っても投げても敵なし。しかし、中学生に入ってから身長の伸びが緩やかになり、周りの同級生に追い抜かれていった。典型的な「早熟」だったのだ。背を伸ばすことにはもう限界がある。中学2年生の頃からボディビルダーが通うようなジムに行き、ウエイトトレーニングに取り組むようになった。

もともと、プロレスが好きで強く大きな体に憧れを持っていた。さらに、この頃からNHK-BSでメジャーリーグの中継が始まり、メジャーリーガーの圧倒的なパワーとスピードに魅了された。「野球選手」ではなく、「プロレスラー」がバットを振っていると思うぐらいの衝撃を受けた。大きいうえに速い。日本のプロ野球とはまったく違う世界が、映し出されていた。

どうしたら、あれだけの肉体を手に入れることができるのか。まだ、インターネットが普及していない時代である。ボディビルダーが愛読する雑誌『MUSCLE＆FITNESS』や『IRONMAN（アイアンマン）』を読み漁り、独学でウエイトトレーニングの知識を深めていった。周囲から見れば、変わった中学生だったと思う。

とにかく、体をでかく強くしたい。しかし、高校野球はそれがやりにくい環境だった。朝から晩まで練習で、走る量も多い。ジムにも通えない。せっかく作った筋肉が、わずか数週間でどんどん落ちていくのが、目に見えてわかった。筋肉が削られていく。日大藤沢高校の鈴木博識監督（現・鹿島学園高校監督）に、「練習の合間にプロテインを飲ませてほしい。このままでは体が痩せていくだけです」と訴えたが、なかなか受け入れてもらえなかった。生意気な1年生だったと思う。今でこそ「補食」が当たり前になっているが、30年以上前の高校野球にその習慣は根づいていなかった。

その後、私は家庭の事情等もあって不登校になり、高校入学3年目（1年生で留

左から廣瀬純（広島一軍外野守備・走塁コーチ）、
矢野英司（元横浜など）、著者

年したため当時2年生）の夏に高校を中退した。入学してすぐの春に四番を任され、練習試合のデビュー戦でホームランも打ったのだが……、いろいろなことがうまくいかない高校時代だった。

そこから単身渡米し、トライアウトを受けるなど、アメリカでプレーする道を模索した。結局、学生ビザの関係等で日本に戻り、単位制の都立新宿山吹高校に編入。23歳になる年に法政大に入学し、山中正竹監督（現役時代は法大のエースとして東京六大学最多となる通算48勝。ソウル五輪で日本代表のコーチ、バルセロナ五輪では監督を務める。現在は全日本野球協会会長、アジア野球連盟副会長）のもと硬式野球部でプレーするチャンスをもらった。卒業後、再度アメリカに渡り、モントリオール・エクスポズと契約。ルーキーリーグから3Aまで、3カ月で駆け上った。

高強度のトレーニングメニューを組む

3A時代のサイズは、175センチ100キロ。50メートルを6秒ちょっとで走るスピードがあり、ベンチプレスでは157・5キロを7回挙げることができた。中2からウエイトトレーニングに目覚め始めた私が、どのように体を鍛え、アメリカで戦うまでに至ったのか。実体験を踏まえながら、お話ししていきたい。

まず、ウエイトトレーニングを始めてしばらく経ってから、気づいたことがある。「そんなの当たり前のことでしょう」と思われるだろうが、やみくもにトレーニングだけをしても、筋力強化にはつながらないとわかったのだ。トレーニングのほかに、食事（栄養学）、休養（睡眠、リカバリー）のバランスが重要になる。若い頃は、毎日トレーニングをしていれば体が大きくなると思っていて、1日3時間、全身のトレーニングメニューをすべてやっていた時期もある。でもこれでは、私が求めていた筋力アップ、スピードアップ、体重アップにはつながらないと実感できたのだ。トレーニングの時間が長くなるうえに、筋肉を休ませる時間が取れず、非常に効率の悪いやり方だった。

自分の体でいろいろと実験をしていく中で（専門のトレーナーがいる時代ではない）たどりついたのが、「1回のトレーニング強度を上げる」ということだ。短い時間の中で、いかに高強度のトレーニングを行うか。上半身なら上半身、下半身なら下半身と、トレーニングの部位を分けて（実際にはもっと細かく分ける）、短時間で追い込む。そのやり方に変えてから、疲労の蓄積を感じなくなり、筋力が上がっていくのを実感できるようになった。

わかりやすくたとえると、こういうことだ。腕立て伏せが20回、余裕でできたとする。日本の場合は、ここからセット数を増やす考えになるのだが、これでは筋持久力が上がるだけで、野球で必要なパワーやスピードにはつながっていかない。ランニングで考えれば、長距離の持久走をやっているようなものだ。腕立てが20回できるのなら、腰の上に10キロの重りを乗せたほうがいい。これがクリアできるなら、次は20キロ。同じ回数の中で、強度を上げていく。このように考えていったほうが、筋力は間違いなく高まっていくはずだ。

私の場合、ベンチプレスにしてもスクワットにしても、７回を限界値に設定していた。７回でオールアウト（力を出し切って動けない状態）できる重量、ということだ。１３０キロで７回できるのなら、次は１３５キロと重量を増やして強度を上

３Ａ時代は、ベンチプレスで157.5キロを７回挙げることができたという

げていく。10回に設定するやり方もあるが、集中力が持つのが7回だった。バーベルが重くなればなるほどケガのリスクも出てくるので、集中力が切れた状態でのトレーニングは避けたい。

アメリカは300ポンド（＝135キロ）が基準

個人的な考えであるが、ウエイトトレーニングには4段階のランクがあると思っている。初級から中級、上級とレベルを上げていく。いきなり上級に挑戦しても、体が壊れるだけで何の意味もない。

◎初級

各部位のトレーニングを知る段階。1回のトレーニングですべての部位のフォームを覚える。アメリカ人は、高校の授業でウエイトトレーニングの基礎知識を学ぶ機会があり、おおよそのことはわかっている。多くの日本人が、ラジオ体操の動きが体に染みついているのと似たようなものだ。

◎中級

各部位を分けてトレーニングを行える。メニューや使用重量、回数などをノートに細かくつける。何キロを何回挙げることができたのか。日々記録していくことによって、自分の成長とともに、筋力強化のための適切な重量がわかってくる。

◎上級

ベンチプレスで100キロ程度は扱える。スクワット、デッドリフトなども5回から7回の範囲で追い込める。筋力が上がっていくと、生半可な重量では追い込めなくなっていく。

◎メジャー級

「100キロ」は、アメリカでは「225ポンド」と中途半端な数字になる。トレーニング中に、アメリカでよく耳にしたのが「３００できる？（How much bench three hundred?）」という言葉だ。日本では、ベンチプレスで１００キロを挙げられるかどうかがひとつの目標になっているが、アメリカではその基準が３００ポンド（＝約１３５キロ）に跳ね上がる。これを当たり前だと思えるのがメジャー級だ。ベンチプレスで３００ポンドを7～10回、軽々と挙げられる選手がメジャーのトップにはゴロゴロいる。

おそらく、ラグビーやアメフトなどのコンタクトスポーツであれば、日本人でも３００ポンドを挙げることができるだろう。パワーとスピードの両方を兼ね備えなければ、活躍できない競技だからだ。

では、野球はどうかというと、日本ではそこまで体を鍛え上げる選手は非常に少ない。フィジカルを鍛えていけば、ホームランを打てる確率が増えていくと思うのだが、日本国内でプレーしている間はなかなかそこに気づくことができない。

ひとつの目安として、アメリカで活躍するには体重95～１００キロで、50メートル走6秒台前半のスピードが必要になるだろう。土台となるフィジカルをまず作っていかなければ、同じ土俵で争うことができない。フィジカルを高めてから、野球の動きに体を順応させていく。

規格外の例にはなるが、ヤンキースのアーロン・ジャッジは、200センチ128キロで、55メートル走を6・7秒（50メートルに換算すれば6・1秒）で走る。こうした「フィジカルお化け」と戦わなければいけないのだ。だからこそ、トレーニングを続けて〝排気量〟を上げること。軽自動車がF1で勝負しても勝てないのは当たり前で、自らの努力によってF1クラスの排気量にまで上げる必要がある。ここから逃げていたら、優れた技術を持っていたとしても、宝の持ち腐れになってしまう。

日本人の中にも、大谷選手や柳田選手のように恵まれた体格を持つ選手もいる。アメリカでは「ギフテッド（gifted）」と言われるのだが、つまりは神様からの贈り物。身長が高く、腕が長ければ、投げるにもバットを振るにもパワーを生み出しやすくなる。身長は遺伝的要素が強いので、己の努力だけではどうにもできないところがあるのも事実だ。

とはいえ、身長が低いからといってあきらめることはない。170センチそこそこであっても、トレーニングや食事によって体重を90キロ台にまで増やすことは可能だ。しかも、スピードを失わずに増やせることを、ラグビーやアメフトの選手が証明してくれている。ラグビーの日本代表が、屈強な外国人と対等に戦っている姿を見ると、「野球選手だってもっともっとやれる！」と思うのだ。

上半身をもっともっと鍛えてほしい

日本人のトレーニングを見ていて「もったいない」と感じるのは、アッパーボディ（上半身）の筋力を上げることに抵抗を持っていることだ。「上半身に筋肉がつきすぎると、動きが硬くなる。バットが振れなくなる」とそれっぽい考えを口にする人がいるが、そんな話はアメリカで聞いたことがない。そもそも、そこまで追い込んでトレーニングをやった日本人がどれだけいるのだろうか。少なくとも、私は見たことがない。

走り込みを中心に、足腰の鍛錬に重きを置く日本のやり方が決して間違っているとは思わない。それは日本の伝統として大事にしたうえで、もっと上半身のトレーニングに目を向けてほしいのだ。アッパーボディが弱すぎる。アメリカ人からすると、日本人の体型は「下半身は強そうなのに、なんで上半身は薄っぺらいの?」と感じるのだ。立体感がまったくない。

バッティングで言えば、バットを持っているのは手であり、肩関節から先の腕で道具を扱う。第1章で「筋肉を水袋のように使う」と解説したが、体の質量を上げれば上げるほど、ボールに伝えるエネルギーは間違いなく大きくなっていく。同じスイングスピード、同じバット軌道の選手がいるとしたら、体重が重いほうが飛距離が出るのは誰でもわかることだろう。

ただし、勘違いしてほしくないのは、脂肪分だけで体重を増やしても意味がない、ということだ。この増やし方では、スピードが落ちるのは当たり前。体脂肪率がほぼ変わらない中で、どれだけ筋肉量を増やしていけるかがポイントになる。

人間、本気になれば世界は変わる。それを証明したのが、法大時代の後輩・G.

下半身だけではなく、上半身も鍛えることが大切だと著者は語る

G.佐藤だった。大学3年の春のリーグ戦が終わったときには、183センチ75キロ。そこから、ウエイトトレーニングと食事に取り組み、秋のリーグ戦のときには体重が96キロにまで増えていた。短期間でここまで増量するのは、身体的には危険でおすすめできないのだが、「自分を変えたい」というG.G.の強い意志があってのことだった。

さすがに、体がその重さに慣れるまでは俊敏に動くのは難しい。でも、慣れてしまえば問題はない。西武の全盛期には112キロぐらいにまで体重が増えていたが、体脂肪は20パーセント前後で、50メートルを6秒台前半で走っていた。

食事はこまめにタンパク質を摂る

食事は、朝昼晩の3食だけでは栄養が足りない。プロのアスリートを目指すのであれば、3食の合間に栄養を補給していきたい。具体的に言えば、筋肉を作るたんぱく質をこまめに摂ることだ。

これもまたG.G.の例になるが、肉体を強化するためにとんでもない取り組みをしていた。「3時間に1回、たんぱく質を補給する」と決めて、夜に寝ているときにもわざわざ目覚まし時計をかけていたのだ。0時に寝るとしたら、3時に目覚ましで起きて、冷蔵庫に入れてある卵の白身を食べる。さらに6時に再び起きて、また白身を食べる。これぐらいの本気度があれば、肉体は確実に変わっていく。

私の場合は、食事の合間にプロテインを摂ることを習慣づけていた。もちろん、チーズなどの乳製品などでもオッケーだ。

日本の中学生や高校生が、「タッパ飯」と呼ばれるタッパに敷き詰められた白米を食べていると聞いて、驚いたことがある。炭水化物は運動するためのエネルギー源にはなるが、筋肉を作ることにはつながっていかない。まったく意味がないとは思わないが、炭水化物の摂取量に比べると、圧倒的にたんぱく質が足りていない選手が多いのではないだろうか?

トレーニングも栄養も、自分で興味を持って学んでいくと、いろんなことを試したくなる。誰かに強制的に言われるよりも、自らの意志で自分のために取り組んだほうがきっと成果も上がっていくだろう。

私は、「ウエイトトレーニング＝自分自身との対話」だと思っている。トレーニングメニューを自ら考え、作成、実行し、体の反応を見ながら、改善を重ね、自分に合ったものを作り上げていく。いわば、「自分が自分のコーチになる」。トレーニングコーチがいなくても、自分自身で体を鍛えていくことはできるはずだ。実際に、私はそのようにして取り組んできた。何でもかんでも人任せにしていては、野球の技術面も含めて、秀でた存在にはなっていかないだろう。

強くなりたいのは誰なのか、ホームランを打ちたいのは誰なのか――？

道を切り拓くのは自分の意志しかない。アメリカで戦えるフィジカルを、ぜひ手に入れてほしい。

Lynch
Lynch
Lynch
Lynch

おわりに

もしかしたら、「こんな打ち方で打てるの？」「パワーのある外国人だからこその打ち方じゃないの？」と思った人もいるかもしれない。それぐらい、日本で当たり前のように教え伝えられるバッティング技術と、アメリカでホームランを打つための技術には違いがある。日本で「基本」と呼ばれる技術が、世界基準で見たときに本当に「基本」と言えるものなのか——、本書の存在がバッティングを考えるきっかけとなれば幸いである。

「この打ち方しかできない」ではなく、「こんな打ち方も、あんな打ち方もできる」というバッターほど、実戦での対応力が増していくものだ。高めのストレートを上から叩くのもひとつの引き出しとしてはありだが、ホームランを狙うのならインサイドアウトと、トップハンドのパームアップの技術は必須。ぜひとも、チャレンジしてみてほしい。

今はスマホひとつで、世界中の情報を手に入れられる時代になった。ただし、知っていることとできることはまったく違うものだ。わかった気にならずに、自分の体でトライ&エラーを繰り返して、試行錯誤を重ねながら、本物の技術を身につけてほしい。

私はこの8月で48歳になるが、今でも理想のバッティングを追い求めている。自らの道場でバッティング練習をしていると、年齢による体の衰えを感じる一方で、「トレーニングを重ねればもっと打てるようになるはず！」という気持ちもある。ホームランを打ちたい野望は、若い頃も今も変わってはいない。

ダイヤモンド一周を誰にも邪魔されずに、ゆっくりと回ることができる。野球をしていて、これほどの高揚感を味わえる場面はないと思っている。読者のみなさんにも、ホームランを打った者にしかわからない興奮を味わっていただきたい。

最後に――、私の人生を支えてくれた大好きな言葉を紹介して、締めとしたい。

「Atta Boy!」（アラボーイ！）

19歳で渡米したとき、初めて出場した試合で耳にした。はじめは意味がわからなかったが、どうやら「いいね！」の意味で使っているようだ。ミスをしても、積極的なチャレンジであれば、「Atta Boy!」。前向きな気持ちにさせてくれる言葉だった。その後、法政大に入学してからは、「Atta Boy!」を口癖のように連発していたせいもあり、周りの仲間からは「アラボーイおじさん」と呼ばれるようにもなった。

チャレンジなくして、成功は生まれない。空振りしたっていい。全打席フルスイングでホームランを狙ったっていい。本来、バッティングはもっと自由なものであるはずだ。三振を怖がっていたら、いい結果は生まれない。「打てなかったらどうしよう」ではなく、「ここで打ったらヒーローになれる！」。マインドひとつで、結果は変わってくるものだ。

すべての野球選手のチャレンジに、アラボーイ！

根鈴雄次

2021年2月

AttaBoy

MLB《メジャー》で
ホームラン王になるための
打撃論

2021年4月9日　初版第一刷発行

著　　　者／根鈴雄次

発　行　人／後藤明信
発　行　所／株式会社竹書房
〒102-0075
東京都千代田区三番町8-1 三番町東急ビル6F
email: info@takeshobo.co.jp
URL　http://www.takeshobo.co.jp

印　刷　所／共同印刷株式会社

カバー・本文デザイン／轡田昭彦＋坪井朋子
協　　　力／根鈴道場
カバー写真／photo/Getty Images
本文写真／小堀将生、大利実
配信動画制作／小倉真一
編集・構成／大利実

編　集　人／鈴木 誠